Reading

AND

Speaking

ABOUT

Russian

Newspapers

First Focus Edition 1990

Printed in the United States of America

ISBN 0-941051-11-0

Reading

and

Speaking

about

Russian

Newspapers

Mara Kashper
Valentina Lebedeva
Frank Miller

THIRD EDITION

for
Galina McLaws

This book was created in its entirety by the author with Microsoft Word 5.1 on a Macintosh SE/30® and printed on an Apple LaserWriter IINT®.

INTRODUCTION

The materials in this collection are intended for students in advanced Russian language courses. The reading selections, all from the Soviet press of 1985-1989, have been selected for their general interest and appropriateness for language learning as well as for their relevance to everyday life, both in the USA and in the USSR. Since all readings are on commonplace topics in the Soviet press, they can easily be supplemented in class with more current texts.

All texts are presented in their entirety; none have been abridged. The original format, including all hyphenations, has been preserved and, in many instances, the "extra-fine" print of the originals has also been imitated.

The readings and exercises in this text address those problems which students in advanced Russian language courses most frequently encounter: 1) limited vocabulary and a minimal knowledge of the principles of word formation, and 2) limited knowledge of the structure (morphology and syntax) of the language. It is hoped that this text will help give students that knowledge of Russian necessary for mature communication beyond the level of "essential survival skills" and for reading and appreciating Russian literature as well as expository prose.

Each lesson consists of:

1) a reading passage preceded by an introduction, in English, of what information is sought. This is done so that words need not be glossed and so that students need not spend time looking up words in dictionaries or vocabulary lists;
2) lexical exercises based on the vocabulary of the reading passage;
3) grammatical exercises pertinent to the reading passage;
4) word formation and exercises based on selected roots from the reading passage;
5) communicative exercises and topics for discussion based on theme of the reading passage;
6) a review list of that vocabulary which the student should know actively in order to communicate effectively in the language;
7) optional reading passages and/or lexical and communicative exercises based on the theme of the original reading passage or on words and expressions singled out for particular study.

The text is supplemented with:

1) a cumulative vocabulary list of approximately 1250 items showing the distribution of vocabulary in each reading passage;
2) a list of roots singled out for special study.
3) reference materials consisting of:
   a) the basic meanings of verbal prefixes;
   b) a review of the formation and use of participles (verbal adjectives).
   c) a review of the formation and use of gerunds (verbal adverbs);
   d) lists of some of the more common Russian verb types;
   e) an explanation of how to use a Russian dictionary like Ožegov's *Словарь русского языка*. It is expected that students in advanced Russian language courses possess a dictionary such as this.

The accompanying workbook contains exercises on the paradigms of new nouns and verbs in each lesson, a systematic review of the formation and use of participles, and short translation passages from Russian to English. These exercises are intended as written homework for the reinforcement of new material in each lesson; it is expected that little or no class time be spent on them.

ACKNOWLEDGMENTS

Special thanks are due those students and their teachers who both here at Columbia University and at other schools have used previous versions of this book. It was their encouragement which prompted me to produce this current revised version. I am also very grateful to Peter Patrikis and the Consortium for Language Teaching and Learning for distributing this book in its previous form.

My deepest appreciation goes to David Andrews of Georgetown University, Dina Dukach of Columbia University and Mara Kashper of Barnard College for their comments and for their close reading of the manuscript while teaching from it and to three persons who did a heroic job of proofreading: Alla Zeide and Boris Rabbot of Columbia University, and Lynn Visson of the United Nations. I, of course, assume full responsibility for any remaining **опечатки** or **ляпсусы**.

Frank J. Miller
Columbia University
August 1989

INTRODUCTION TO THE SECOND EDITION

The second edition contains all the texts of the first edition plus additional selections for discussion from newspapers through December 1990. Some exercises have been revised, and new exercises have been added. The workbook has been expanded to include additional texts for translation or summarizing. Most of the typos of the first edition have been corrected.

FJM
January 1991

INTRODUCTION TO THE THIRD EDITION

The third edition has been completely revised by Mara Kashper (Barnard College) and Valentina Lebedeva (Columbia University). Texts that have become obsolete have been replaced with newer texts that are more representative of the changes taking place in today's Russia. Some of the texts have been shortened and edited in order to to make them more readable.

Mara Kashper
Valentina Lebedeva
Frank Miller

TO THE STUDENT:

In order to use this book effectively, you should:

1. have the dictionary: Ожегов: *Словарь русского языка.* You will need this dictionary for the homework exercises in the workbook, and it will be helpful in preparing the exercises in the text. The following books will also be useful:

   П. Н. Дениисов и В. В. Морковкин. *Учебный словарь сочетаемости слов русского языка.* Москва: Русский язык, 1978 (ИБ № 561).

   V. Andreeva-Georg and V. Tolmacheva: *THE RUSSIAN VERB: Prepositional and Non-Prepositional Government.* Moscow: Russky Yazyk Publishers, 1987 (ИБ № 5241).

2. not attempt to learn vocabulary words separately. Try to learn adjectives and nouns together and verbs with their noun complements. If you know what a word means but cannot use it, you really do not know that word. The vocabulary lists at the end of each lesson indicate what words you are responsible for in that lesson, and the vocabulary list at the end of the book gives the lesson in which each vocabulary item occurs.

You should get accustomed to reading unaccented texts. Words in this text are accented in the vocabulary lists and word-formation explanations or only when there is a chance they may be mispronounced. Shifting stress in present/future forms of verbs is indicated with a grave accent ` (получѝть, держа̀ть, сказа̀ть etc.).

СОДЕРЖАНИЕ

A. The article below is about a concert-recital. Find the following points of information:

1. Why the recital is interesting.
2. Where it will take place and when.
3. How much time is given to acquire tickets.
4. Whose works will be played.
5. Who will be the soloist and what he will try to accomplish.
6. Who will perform in addition to the soloist.

Pay particular attention to the concerto written by Chajkovskij. When was it written and for whom?

ЗВУЧИТ АЛЬТ

Концертирующий солист-альтист в наше время явление весьма редкое.

Сегодня в Большом зале консерватории выступает заслуженный артист Российской Федерации Ю. Башмет Сегодня, пожалуй, трудно назвать страну, где бы его не знали. Музыкальная критика, и российская и зарубежная, с уверенностью называет его первым альтистом мира..
  В концерте в его исполнении прозвучат сонаты Ф. Шу́берта и Д. Шостаковича, Концерт для альта́ с оркестром А. Чайко́вского, который композитор посвятил Ю. Башмету. Кроме того, прозвучат «Балетные сцены» Ш. Берио.
  Вместе с солистом выступят Академический симфонический оркестр Московской государственной филармонии под управлением заслуженного деятеля искусств РФ В. Ге́ргиева и пианист М. Мунтян.

B. Ответьте на вопросы:
1. Кто такой Юрий Башмет?
2. Что говорят о Башмете музыкальные критики?
3. Кому посвящён концерт А. Чайковского?

C. Объясните по-русски:

1. альт
2. солист
3. консерватория
4. заслуженный артист
5. зарубежный
6. деятель искусства
7. соната

D. Дайте инфинитив и видовую пару (если есть) и проспрягайте:
1. звучит _____
2. концертирующий _____
3. выступает _____
4. посвятил _____
5. называет _____

E. Дайте синонимы. Найдите их в статье.
1. очень_____
2. сегодня_____
3. нечастый_____
4. иностранный _____
5. также_____

F. Give the root and its meaning for the following words:
1. явление _____
2. звучит _____
3. вместе _____
4. управление_____
5. посвятил _____

G. Раскройте скобки:

1. Этот композитор посвятил свой концерт: *(Дмитрий Шостакович, Юрий Башмет, Валерий Гергиев)*
2. Вы слушали музыку *(Александр Чайковский, Франц Шуберт, Шарль Берио и Пётр Ильич Чайковский)* в исполнении *(Юрий Башмет и Михаил Мунтян)*.
3. Эта соната была написана *(Дмитрий Шостакович, Пётр Ильич Чайковский, Франц Шуберт, Валерий Гергиев)*.

H. Read the main text of the article aloud and change the word *сегодня* to *вчера*. Make any other necessary changes.

I. Словообразование:

Find words in the text which contain the following roots. Learn the additional words and expressions with these roots and compose sentences with them.

1. ПОЛН + _____
исполня́ть\испо́лнить +что? — to perform, carry out, execute
исполне́ние — performance
    В чьём исполне́нии — In whose rendition
исполни́тель   —   performer, executor

выполня́ть\вы́полнить + что? — to fulfill
выполне́ние

заполня́ть\запо́лнить + что? — to fill in, to fill out

наполня́ть\напо́лнить + что? + чем? — to fill up

полне́ть\пополне́ть — to get fat

дополне́ние (к чему?) — complement, supplement, addendum
прямо́е/ко́свенное дополнение — direct/indirect object
дополни́тельный — additional

по́лный — fat, full   По́лно — That's enough.
по́лон + чего? — full of
(полна́; полно́)   полны́м-полно́ — chock full

2. СТУП+ _____

поступа́ть\поступи́ть + куда? (как) — to enter, join, act
посту́пок — action, act, deed   посту́пки — behavior, conduct
поступле́ние — entering, joining, enlisting

вступа́ть\вступи́ть + во что? — to join, step into
вступле́ние (к чему?) — introduction
вступи́тельный — introductory   вступи́тельное слово
до́ступ + к чему? — access
не/досту́пный — in/accessible, un/available
досту́пно — available, accessible

отступа́ть\отступи́ть + от кого-чего? — to step back, retreat, back down
отступле́ние — digression, deviation; retreat

уступа́ть\уступи́ть + кому +кого-что? — to concede, yield
усту́пка — concession   пойти́ на усту́пки — to make concessions
преступле́ние — crime, transgression
престу́пник — criminal

3. ДЕЙ + _____
действи́тельный— actual, real, authentic; valid
действи́тельно — actually, really
действи́тельность — actuality, reality

де́йствовать\по- +на кого-что? — to act on, have an effect on
де́йствие — action, act (in a play), operation, activity
де́йствующие ли́ца — main characters, cast (in a peformance)
соде́йствовать+ чему? — to assist, help, contribute to
соде́йствие — assistance, help

де́ятельный — active
де́ятельность — activity
самоде́ятельность — initiative, amateur performing
худо́жественная самоде́ятельность — amateur performing
злоде́й/ка — villain

4. СЛУГ + _____

слуга́ *(m.)* slave   служа́нка *(f.)*

слу́жба — service, work   служи́ть + $\begin{cases} \text{кем-чем?} \\ \text{где?} \\ \text{кому-чему?} \end{cases}$ — to serve as

служе́бный — service (adj)
нести́ слу́жбу — to carry out one's work
военнослу́жащий — military person

заслу́живать + чего? \ заслужи́ть + что? — to be worthy of \ to earn, deserve
заслу́га — merit, service
Чья это заслу́га? — Who deserves the credit?

услу́га — service, good turn   услу́жливый — obliging
к вашим услу́гам — at your service
бюро́ добрых услу́г
медве́жья услу́га — a disservice (a well meant action that does not turn out that way)

обслу́живать\обслужи́ть + кого? to serve, wait on
самообслу́живание self-service

J. Придумайте как можно больше разных ответов на каждый из поставленных вопросов:

1. Каким может быть **исполнитель**?
2. Что можно **заполнить**?
3. Чем можно **наполнить** бутылку?
4. Что можно **выполнить**?
5. Что может быть **действительным**?
6. Каким может быть **преступление**?
7. Что можно **заслужить**? Чего можно **заслуживать**?
8. Где можно **служить**?
9. Какая разница между **службой** и работой?
10. Какой может быть **услуга**?
11. К чему можно иметь свободный **доступ**?
12. Во что можно **вступить**?
13. Куда можно **поступить**?
14. Каким может быть **поступок**?
15. Чему можно **содействовать**?
16. Какими бывают **деятели**?
17. Какой может быть **деятельность**?
18. Что такое «**медвежья услуга**»?
19. От чего можно **полнеть**?
20. Когда мы говорим «**полным-полно́**»?
21. Когда произносится **вступительное слово**?

К. Составьте предложения. Добавьте нужные слова:

1. *Fill out* / эта анкета.
2. Мы слышали / эта песня /*as performed by*/ Алла Пугачёва
3. С какой стороны нахо́дится / *service entrance*
4. *All of his relatives* / работать /Бюро добрых услуг
5. Я хожу / *extra lessons*
6. *In the following sentences* / подчеркните / all direct objects
7. Кто / *is waiting on (serving) you?*
8. *That's enough.* Я больше не хочу слышать об этом.
9. Там было / *a lot (full) of people.*
10. Там было / *packed*
11. Мне совсем не нравятся / *his actions*
12. Мне совсем не нравится / *what he did*
13. Стакан был / *full of milk*
14. Я имею / *free access* / все университетские библиотеки
15. Почему ты / *give them your place?*
16. В первой главе «Евгения Онегина» много / *digressions*
17. Мы никак не ожидали / *their help, cooperation*
18. Вы отлично говорите по-русски/ *Who deserves the credit?*
19. Вы его не узна́ете / *he has really gotten fat*
20. В каком году Ленин начал / *his revolutionary activity*
21. Я хотел помочь / твои друзья, но, оказывается /*I did them more harm than good.*
22. Кто произнёс / *the introduction*
23. Все его родственники / *military people*
24. All of my students / выучили / *the introduction to* «Медный всадник».
25. Наш начальник / *is inaccessible to everyone*
26. Почему они всегда / *so obliging*
27. *Fill up* / ванна / горячая вода

L. Vocabulary Review

Глаголы:

выполня́ть\вы́полнить+что?
де́йствовать\по- +на кого-что?
заполня́ть\запо́лнить+что?
заслу́живать\заслужи́ть+чего? что?
звуча́ть
исполня́ть\испо́лнить+что?
называть/назвать +кого? кем-чем?
наполня́ть\напо́лнить+что?
нести́ слу́жбу+где?
обслу́живать кого?
отступа́ть\отступи́ть+от кого-чего?
полне́ть\пополне́ть+от чего?
посвяща́ть\посвяти́ть+что? кому?
поступа́ть\поступи́ть+куда?
служи́ть+кем-чем? кому-чему? где?
соде́йствовать+чему?
уступа́ть\уступи́ть кому? что?

Имена существительные:

альт
альти́ст
арти́ст
бюро́ до́брых услу́г
вре́мя
вступле́ние
выполне́ние
действи́тельность
де́ятельность
дополне́ние
дополни́тельный
до́ступ
заслу́га
злоде́й/ка
исполне́ние
исполни́тель
кри́тик
кри́тика
медве́жья услу́га
отступле́ние

поступле́ние
посту́пок
преступле́ние
самоде́ятельность
самообслу́живание
симфо́ния
слуга́
служа́нка
слу́жба
сона́та
управле́ние
услу́га
филармо́ния
явле́ние

Имена прилагательные:

большо́й
вступи́тельный
действи́тельный
зарубежный
заслу́женный
исполни́тельский
не/досту́пный
по́лный
полны́м полно́
   по́лон+чего?
ре́дкий
служе́бный
услу́жливый
худо́жественный
      худо́жественная самоде́ятельность

Наречия:

весьма́
вме́сте
действи́тельно
кро́ме того́
по́лно
ре́дко

ДОПОЛНИТЕЛЬНОЕ:

Прочитайте эту статью, ответьте на следующие вопросы

1. Чем Юра больше всего интересовался в детстве?
2. Почему Юра выбрал альт?
3. Когда он решил стать профессиональным альтистом?
4. Откуда Юра переехал в Москву?
5. Какие события произошли в жизни Башмета в 1975-1976 гг.?
6. В чем состояли трудности концертной карьеры Башмета? Почему ему было труднее, чем другим музыкантам?
7. Чем так важен концерт 1983 года в Большом зале?
8. Какая репутация у Башмета как альтиста?
9. Чем занимается Башмет, кроме гастрольной деятельности?
10. Что пишут лондонские критики об игре Башмета?

«Первый альтист мира»

Его начали учить играть на скрипке. Но Юру в ту пору гораздо больше интересовала гитара и музыка в стиле „битлз". Со временем классическая музыка стала увлекать его все больше и больше. Он оставил скрипку и выбрал альт, полюбив этот инструмент за его красивый, благородный звук. А когда на Всеукраинском конкурсе юных музыкантов он получил первую премию (1970), вопрос о его будущей специальности был решен окончательно: он переехал в Москву и поступил в Московскую консерваторию.

В 1975 году Башмет становится лауреатом международного конкурса в Будапеште, а через год завоевывает первую премию на конкурсе в Мюнхене А было ему в то время 20 лет.

Началась его самостоятельная концертная жизнь. Ему было труднее, чем его коллегам — пианистам, скрипачам или певцам. Дело в том, что его инструмент, альт, издавна считался незаменимым в камерном ансамбле, в симфоническом оркестре, но не имел права на самостоятельное сценическое существование. Башмету надо было изменить такое положение вещей. И он сделал это.

В 1983 году в Большом зале Московской консерватории состоялось первое за всю историю этой сцены сольное выступление альтиста. А потом начались интенсивные гастроли Башмета по различным городам Европы, Азии, Америки Сегодня, пожалуй, трудно назвать страну, где его не знают, где у него нет восторженных поклонников. Музыкальные критики, и российские и зарубежные, называют его первым альтистом мира. И тут они правы. Сегодня Башмет ведет интенсивную и разнообразную деятельность — по-прежнему много гастролирует, учит студентов, работает со своим оркестром „Солисты Москвы", выступает по телевидению. А недавно прошел фестиваль Башмета в Лондоне. Четыре вечера подряд публика заполняла один из лучших залов столицы Великобритании, где Башмет выступал в сопровождении оркестра (дирижировал Валерий Гергиев), а также со своим старым партнером по сцене, пианистом Михаилом Мунтяном. Лондонская пресса в это время восторженно писала о волшебном зучании альта Башмета, о его виртуозности, глубине трактовки, удивительном контакте с аудиторией.

Есть известный афоризм: легче стать чемпионом, чем удержать за собой это звание. Так бывает не только в спорте, а и в искусстве тоже. Проще завоевать титул „первого альтиста мира", чем сохранить. Пока Башмет вне конкуренции.

Ну а завтра? Завтра будет видно.

Геннадий Цыпин,
профессор
„Вечерняя Москва"

M. Где вы были вчера вечером?

Tell a friend about a concert you went to last night. Base your narrative on the facts in the articles «Звучит альт».and «Первый альтист мира».

ПОСВЯЩАЕТСЯ ОЙСТРАХУ

Завтра в Колонном зале Дома Союзов начинаются выступления всемирно известного скрипача из Великобритании Иегуди Менухина.

Начав занятия на скрипке в 4-летнем возрасте, он уже через три года выступал с крупнейшими симфоническими оркестрами. Но только с концертов в 1927 году в Париже началась его выдающаяся артистическая карьера. А было в ту пору И. Менухину всего 11 лет.

Помимо исполнительской деятельности, он ведет большую общественную работу. Так, в 1964 году в городе Сток-д'Абердон (Англия) им была основана специальная музыкальная школа для одарённых детей.

И. Менухин — организатор многих международных музыкальных фестивалей. В течение пяти лет он был президентом Международного музыкального совета при ЮНЕСКО.

Русские слушатели ознакомились с искусством музыканта в 1945 году, когда он совершил первое турне по нашей стране. И вот новая встреча. 10 ноября в сонатном вечере И. Менухин выступит с Викторией Постниковой (фортепьяно): в программе — сонаты Брамса, Бартока, Бетховена.

13 ноября в сопровождении симфонического оркестра Министерства культуры России под управлением Геннадия Рождественского в исполнении артиста прозвучат скрипичные концерты Бетховена и Бартока (№ 2). В концерте будет исполнен также тройной концерт Баха (исполнители: И. Менухин, И. Ойстрах, В. Ойстрах). Это выступление посвящается памяти выдающегося российского скрипача Давида Ойстраха.

«ВМ»

This article is about a series of concerts. Skim it (do not worry about unfamiliar words), and answer the following questions.

1. Where will it take place?
2. What artist will be performing?
3. What instrument does he play?
4. How old was he when he first began playing this instrument?
5. How old was he when he first performed publicly?
6. What year was he born?
7. When did he first perform in the USSR?
8. Who will perform with him?
9. Which concert will be dedicated to David Oistrakh?

1. Заполните про́пуски подходящими по смыслу словами. Придумайте возможные варианты:

   а. Начинаются выступления ....
   ....
   ....

   б. Она начала занятия на .... в .... возрасте.
   ....
   ....

   в. Она выступала с выдающимися ....
   ....
   ....

   г. В .... году ею был основан .... для одарённых детей.
   .... была основана ....
   ....было основано ....
   ....были основаны.....................................

   д. Слушатели ознакомились с .... в ....году́.

   е. В исполнении артиста прозвучат...

   ж. Эти выступления посвящаются памяти...
   ....
   ....

ЗАПОМНИТЕ:
   знако́миться с кем? = вступить в знакомство с кем-нибудь
   знако́миться с чем? = получать сведения (информацию) о
                        чём-нибудь

знако́миться\познако́миться можно с кем-нибудь или чем-нибудь.
ознакомля́ться\ознако́миться можно только с чем-нибудь.

---

2. Дайте английские эквиваленты:

       1. служить в армии
       2. служить примером
       3. служить родине

3. Fill in the blanks according to the model:

Образец: *На альте́* играет альтист.
             На флейте играет *флейти́ст.*

1. _____ играет арфи́ст.
2. На скрипке играет _____.
3. _____ играет виолончели́ст.
4. _____ играет гобойст.
5. _____ играет кларнети́ст.
6. _____ играет валторни́ст.
7. На рояле играет _____.
8. На барабане играет _____.
9. На трубе́ играет _____.
10. _____ гитари́ст.
11. _____ играет балала́ечник.

4.   Каких Вы знаете знаменитых   скрипаче́й?
                                   виолончели́стов?
                                   флейти́стов?
                                   пиани́стов?
                                   кларнети́стов?
                                   трубаче́й?
                                   бараба́нщиков?
                                   гитари́стов?

5. Describe a (ficticious) friend who has become a famous rock or classical
   musician (or a famous pop or folk singer). Use phraseology from the
   articles about Yehudi Menuhin and Yuri Bashmet and include the
   following facts in your narrative:

   1. Where he/she was born.
   2. What kind of family he/she grew up in.
   3. When he/she became interested in music.
   4. How many hours he/she practiced per day.
   5. Where he/she went to college or studied music.
   6. Where he/she has performed recently.

6. Tell about what type of music do you like and why.

7. Ask your friends if they like opera/ballet. They will tell you that they do
   not. Try to convince them that they should.

8. Объясните следующие словосочетания и дайте их английские
    эквиваленты. Придумайте предложения с ними.

    1. метеорологические явления   6. редкое явление
    2. сверхъестественное явление   7. нормальное явление
    3. случайное явление   8. ненормальное явление
    4. странное явление   9. загáдочное явление
    5. явление прирóды   10. не/обычное явление

9. Объясните следующие словосочетания и дайте их английские
    эквиваленты. Придумайте предложения с ними.

    1. общее образование   8. получить образование
    2. платное образование   9. образование молодёжи
    3. среднее образование   10. образование детей
    4. высшее образование   11. образование государства
    5. классическое образование   12. образование энергии
    6. техническое образование   13. образование университета
    7. право на образование

    ┌───┐
    │ **Запомните**:   Какое у него образование?   │
    └───┘

10. Прочитайте следующие статьи. Ответьте на вопросы:

> В концертном зале имени П. И. Чай-
> ковского торжественно открылся Первый
> московский фестиваль детской музыки. Здесь
> прозвучали произведения не только для
> детей, но и в их исполнении. И этот
> принцип характерен для всех программ фести-
> валя, организованного композиторами Москвы.
> Дети — его главные участники.
>
> «ВМ»

1. What type of event is taking place?
2. Where is it taking place?
3. Why is it of interest to the general reader?

1. Что такое «Пибоди»?
2. Какие выступают музыканты?
3. Где они будут выступать?
4. Чьи произведения они будут
   исполнять? Знаете ли вы кого-
   нибудь из этих композиторов?
5. Сколько будет выступлений?

ГАСТРОЛИ[1] МУЗЫКАНТОВ США

Впервые в нашу страну приехал молодёжный симфонический оркестр Пибоди из США

Дирижирует оркестром З. Полочик.

Молодые музыканты консерватории Пибоди познакомят русских слушателей с произведениями американских композиторов. Сегодня в Концертном зале имени П. Чайковского они исполнят сочинения Копленда, Грифса, Харриса, Айвза, Барбера.

Завтра в Колонном зале Дома союзов прозвучат произведения Копленда, Грофе, Грифса, Бернстайна.

«ВМ»

11. Пригласите друга на один из этих концертов.

─────────────────────────

[1]*выступления, даваемые приезжими артистами*

12. Read the following articles and prepare to ask each other questions in Russian in order to elicit information given in the articles. Ask as many questions as possible for each point of information.

«Унесенные ветром»: встреча через полвека

«Унесенные ветром»—экранизация романа Маргарет Митчелл, сделанная в 1939 году, самый кассовый фильм в истории кино, фильм — обладатель десяти наград Американской киноакадемии, — наконец, через 51 год, увидели в нашей стране. Первый показ уже состоялся в Москве, затем картина «поедет» в Тбилиси, Ст. Петербург, Киев, Одессу, Минск.

Ах, обаяние старого доброго романа, которым зачитывались и зачитываются до сих пор! Обаяние старого кино, где все так красиво — пейзажи, лица, наряды чувства,... Где жизнь и война, любовь и утраты, невзгоды и слезы, и боль, и счастье...

Искушенная кинопублика на премьере в «Октябре» — и так неожиданно, посреди показа дружно зааплодировала, когда на экране смелый и ироничный Ретт Батлер, спасая Скарлетт и Мелани с ребенком, прорвался сквозь огонь, через горящие склады. Неужто мы, зрители, еще способны на эту непосредственность, на это простодушие? И если так — спасибо старому фильму.

М. МУРЗИНА
«Известия»

«Серебряный медведь» вручен «Году собаки»

Несомненно, и минувший год, и нынешний стали для Инны Чуриковой триумфальными. За свою творческую работу она получила несколько престижных отечественных наград. А на Берлинском международном кинофестивале картине петербургского режиссера Семена Арановича „Год собаки", в которой Инна Михайловна сыграла главную роль, вручен приз „Серебряный медведь" и специальная „Премия мира".-

Эта картина посвящена вечной теме — любви. Чурикова играет не-молодую наивную женщину, встретившую человека, которого горячо полюбила. И не имеет значения, что он — вор, вернувшийся из тюрьмы, главное, что они оказались родственными душами.....

М. Васильева
„ВМ"

A. Read the article below and find the following information.

   a)   What types of televisions will be repaired in the new repair shop.
   b)   What part of the city the shop will serve.
   c)   The precise location of the shop.
   d)   Who built the building in which the shop is located.
   e)   What type of repair will take place in the shop.
   f)   What type of repair will take place in one's home.
   g)   Why the length of repair time will be shortened.
   h)   What is being done in the shop today.

ЦЕХ РЕМОНТА ТЕЛЕВИЗОРОВ

Телевизоры всех отечественных марок скоро начнут ремонтировать жителям Москвы в новом це́хе.

    Новый цех разместился на нежилом этаже дома №39 на проспекте Маршала Жу́кова •Возвели́ здание коллективы Московского строительного управления и третьего домостроительного •комбината.

    •Сложный ремонт будет производиться в стационарны •мастерски́х. Другие •неполадки мастера́ •устраня́т на дому́. Новейшие •приборы диагностики помогут значи́тельно •сократить •сроки ремонта.

    В цехе сегодня началась •установка технологического •оборудования.

«Вечерняя Москва»

•erected

•a group of like enterprises with similar goals
•complicated
•workshops   •пробле́мы
•eliminate
•shorten •время
•installation
•equipment

B.   Ask each other questions in Russian in order to elicit the information given in the article. See #A above. Ask as many questions as possible for each point of information.

C. Объясните по-русски:

      а. нежилой зтаж - жилой дом
      а. возвели здание
      б. устранить неполадки
      в. сократить сроки ремонта
      г. телевизор
      д. цех
      е. домостроительный комбинат
      ж. выходить\выйти из строя
      з отечественная марка
      и. срок
      й. ремонт
      к. стационарная мастерская

D.　Подберите ант**о́**нимы. Используйте все слова из правой колонки.

_____1. простой	_____а. сокр**а́**тить
_____2. удлинить	_____б. сложный
_____3. иностранный	_____в. возвести
_____4. снести	_____г. построить
_____5. мешать	_____д. помогать
_____6. импортный	_____е. отечественный
	_____ж. трудный

E.　Подберите син**о́**нимы. Используйте все слова из правой колонки.

_____1. брак	_____а. находиться
_____2. разместиться	_____б. деф**е́**кт
_____3. корпус	_____в. специалист
_____4. руководить	_____г. делать
_____5. отремонтиров**а́**ть	_____е. аппар**а́**т
_____6. производить	_____г. здание
_____7. срок	_____ж. проблема
_____8. прибор	_____з. построить
_____9. мастер	_____и. выйти из стр**о́**я
_____10. неполадка	_____й. эксп**е́**рт
_____11. возвести	_____к. испр**а́**вить
_____12. испортиться	_____л. управлять
_____13. починить	_____м. слом**а́**ться
	_____н. пер**и́**од

F. Дайте видовую пару (если есть):

    а. разместиться　　_____

    б. возвести　　　　 _____

    в. производить　　　_____

    г. устранить　　　　_____

    д. сократить　　　　_____

    е. установить　　　 _____

    ж. оборудовать　　　_____

    з. починить　　　　 _____

    и. отремонтировать_____

    й. мешать　　　　　 _____

G. Придумайте как можно больше разных ответов на каждый из по-
    ставленных вопросов:

    а. Что можно **возвести**?
    б. Что может быть **сложным**? Человек может быть
        сложным?
    в. Что можно отнести к **ма́стеру**? Где работают **мастера́**?
    г. Что можно **установить**?
    д. Какими могут быть **неполадки**?
    е. Что можно **сократить**?
    ж. Чем можно **управлять**?
    з. Что можно **устранить**?
    и. Где может находиться **цех**? Кто может работать в
        цеху́?

й. Что можно **оборудовать**? Каким может быть **оборудование**?

к. Что можно **починить**? Что можно **отремонтировать**?

л. Что такое «**срочная работа**»?

м. Что может **выйти из строя**? Что может **испо́ртиться**?

н. Что такое «**мастер на все ру́ки**»?

H. СЛОВООБРАЗОВАНИЕ

A. Find the words in the text which contain the following roots. Learn the additional words below which are based on the roots and compose sentences with them.

1. ЛАД _____

ла́дно — OK, all right   делать что-нибудь на свой лад
ла́дный   to do something in one's own way
ла́дить\пола́дить +**с кем**? — to get along with
нала́дить + **что**? — to fix, regulate, adjust   нала́диться
ула́дить + **что**? — to settle , arrange, reconcile   ула́диться

2. ЛОЖ + _____

предло́жный — prepositional
предло́г — preposition, pretext
предлага́ть\предложи́ть **кому что**? — to propose
предложе́ние — proposal, sentence
скла́дывать\сложи́ть + **что**? — to put together, compile, fold
сло́жный — complicated
сло́жно
складно́й — folding
складны́е сту́лья — folding chairs

3. ВЁД+ / ВОД+ _____

произведе́ние — production *(that which has been produced)*
произво́дство — production *(that which is [being] produced)*
производи́тельность — productivity, productive capacity
производи́ть\произвести́ + **что**? — to produce, make
производить впечатление **на кого**? — to impress *(someone)*

4. МАСТЕР _____

> мастерство́ — craftsmanship, skill, art *(as in Мастерство́ Пушкина)*
> мастерски́ — skillfully, professionally, masterfully

5. МЕСТ+ _____

> ме́сто   больно́е место — sore spot
>   месте́чко   тёплое месте́чко — an easy *(soft)* job
>
> ме́стный — local

помеща́ть\помести́ть[1] + **кого-что**? + **куда** *или* **где**? — to put, place
помеща́ться\помести́ться + **куда** *или* **где**? — to fit *(somewhere)*
помеще́ние — room, lodging, accomodation

> поме́стье — estate
> поме́щик — landowner

умеща́ть\умести́ть + **кого-что** + **куда** *или* **где**? — to find room *(for)*
умеща́ться\умести́ться + **куда** *или* **где**? — to fit in *(to squeeze in)*

> уме́стный — appropriate
> уме́стно / неуме́стно

вмести́тельный — roomy, spacious, capacious
> вмеща́ться\вмести́ться + **куда** *или* **где**? — to fit in

смеща́ть\смести́ть + **кого**? — to depose

B. Fill in the blanks with words formed from the root **МЕСТ**:

1. —Сколько человек _____ в этом зале?

   —5000. Он очень _____ .

2. Скоро будут проводиться выборы в _____
   органы управления.

3. Мне не нравится эта гостиница. Нас _____ в
   очень неудобном номере.

4. Он большой лентяй. Вот почему он надеется устроится

   _____ .

5. Не надо было так выступать. Ваше выступление было
   совсем _____ .

---

[1]Stress may be fixed or shifting on verbs with the stem —*мест-и* + :

помещу́		помещу́
помести́шь	ог:	поме́стишь
помести́т		поме́стят

6. Положите эти деньги в надёжное _____ .

7. Его предки были известными _____ в царской

   России.

8. Всегда кладите вещи на _____ .

9. Не спрашивайте меня об этом! Это мое больное _____ .

**Fill in the blanks with words containing the roots ЛАД; МАСТЕР; ЛОЖ +;
ВЁД + / ВОД +:**

11. У него ужасный характер. С ним никто не _____ .

12. У меня не работает компьютер. Нужно его отвезти к _____ .

13. Она назвала свою книгу о Пушкине « _____ Пушкина».

14. _____ **в/на/о** употребляются с винительным и

    _____ падежами.

15. Я _____ выпить за ваши дальнейшие

    успехи в русском языке.

16. В нашей квартире _____ капитальный ремонт.

17. Плисецкая всем понравилась. Она _____ исполнила

    свою   партию и _____ большое впечатление

    на всех зрителей.

18. Когда вы _____ это бельё, положите всё в

    шкаф.

19. Не беспокойтесь, всё _____ .

20. Почему всё так трудно и _____ ?

21. Товары японского _____ пользуются

    большим спросом по всему миру.

C. SITUATIONS: Act out the following situations.

a) Your television set is broken. You have sound, but no picture. You are telling a friend what has happened. The friend tells you about a new repair shop which has recently opened and tells you that since you live in the appropriate region you can take your television set there.

b) Your "Elektron" TV has not worked since the day you bought it. A friend recommends that you call the repair shop for this particular brand. Call the shop and explain to the manager your problem and ask if he can send someone to your home to look at it. The manager says that you must bring the set to their shop where they have all the latest diagnostic equipment and that your set will be repaired in the course of a day. Find out when the shop is open and whether or not it is complicated to get there.

D. 1. Познакомьтесь с новыми словами и выражениями.
   1. реабилитационный центр = место, где восстанавливают здоровье
   2. благотворительная организация = филантропическая организация
   3. лечиться = treat, cure
   4. лечебное оборудование = медицинское оборудование
   5. оснащён = оборудован, equipped
   6. обеспечивать/обеспечить = *(здесь)* provide with smth.
   7. сотрудник = коллега
   8. сооружение = строительство
   9. расходовать/израсходовать *(здесь)* = тратить деньги
   10. жертвовать/пожертвовать *(здесь)* = отдавать, приносить в дар
   11. присутствовать = быть, находиться
   12. здравоохранение = health care
   13. очередной = следующий

2. Read the article «Германия подарила комплекс для больных детей».
   Note the following information.

   a) Where is the the new center located?
   b) What has the German charity presented to the new center?
   c) How many children can be taken care of annually?
   d) What other facts have we learned about this charity?
   e) Who are N. Yeltsin, Yu. Luzhkov, and E. Nechaev? Why
      are their names mentioned in the article?

3. Ask each other questions in Russian in order to elicit the   information
   in the article.

ГЕРМАНИЯ ПОДАРИЛА КОМПЛЕКС ДЛЯ БОЛЬНЫХ ДЕТЕЙ

В подмосковном поселке Деденево открыт новый реабилитационный центр для больных детей. Его подарила нашим детям известная благотворительная организация „КЭР Германия"

Новый реабилитационный центр на 300 пациентов оснащён диагностическим и лечебным оборудованием, медикаментами, приборами, мебелью, игрушками, посудой — всем, вплоть до салфеток, обеспечила его благовторительная организация. Заканчивается строительство спортивного комплекса с залом и двумя бассейнами, а также дома для сотрудников. На сооружение реабилитационного центра в Деденево, где смогут лечиться ежегодно около 2000 летей, „КЭР Германия" израсходовала 32 миллиона немецких марок (20 миллиардов рублей), пожертвованных гражданами Германии.

Это очередной акт доброты и милосердия крупнейшей благотворительной организации, уже сделавшей для нас так много хорошего: 20 стоматологических кабинетов, оборудование для 211 больниц России, 611 тысяч посылок гуманитарной помощи и др.

На торжественном открытии центра присутствовали супруга президента Н. Ельцина, мэр Москвы Ю. Лужков, министр здравоохранения Э. Нечаев, руководители других министерств и администраций.

Лидия Ивченко
„Известия".

Е. 1) Выйти из строя может......
а) _____
б) _____
в) _____
г) _____

2) В мастерскую можно отнести....
а) _____
б) _____
в) _____
г) _____

3) Можно оборудовать..
а) _____
б) _____
в) _____
г) _____

4) Оборудование может быть..
а) _____
б) _____
в) _____
г) _____

5) Сложным/Сложной может быть...
а) _____
б) _____
в) _____
г) _____

6) Можно обеспечить...
а) _____
б) _____
в) _____
г) _____

7) Можно управлять .....
а) _____
б) _____
в) _____
г) _____

8) Можно руководить ....
а) _____
б) _____
в) _____
г) _____

9) Можно тратить (расходовать) .
деньги на..
а) _____
б) _____
в) _____
г) _____

10) Можно присутствовать (быть) ...
а) _____
б) _____
в) _____
г) _____

F. The following words are related either by concept (meaning) or by common roots.
   How do the words in each group differ from each other in meaning and usage:

1. возвести́ — постро́ить
2. помести́ть — вмести́ть — умести́ть
3. о́тчество — отечество — (оте́чество — ро́дина — оте́чественный
   — родно́й)
4. чини́ть — ремонти́ровать
5. испо́ртиться — слома́ться — вы́йти из стро́я
6. сло́жный — складно́й
7. предло́г — предложе́ние
8. произведе́ние — произво́дство
9. лече́бница — больни́ца — го́спиталь
10. гуманита́рный — гума́нный
11. пра́вить — управля́ть — руководи́ть
12. мини́стр — министе́рство — администра́ция
13. благотвори́тельный — благотво́рный

G. Vocabulary Review

Глаго́лы:

вмеща́ться\вмести́ться
возводи́ть\возвести́ + что?
выходи́ть\вы́йти из стро́я
выполня́ть\вы́полнить + что?
же́ртвовать\поже́ртвовать + что?
   кому́?
исполня́ть\испо́лнить + что?
класть\положи́ть кого-что? куда́?
ла́дить + с кем?
лечи́ться где? (у кого́)
меша́ть\по- + кому́-чему́?
называ́ть\назва́ть + кого-что?
обеспе́чивать\обеспе́чить + кого-
   что? чем?
оснаща́ть\оснасти́ть что? чем?
осуществля́ть\осуществи́ть + что?
отвози́ть\отвезти́ + кого-что? куда́?
помеща́ться\помести́ться
помеща́ть\помести́ть + кого-что
   куда́?/где?
предлага́ть\предложи́ть +что? кому
прису́тствовать + где?
производи́ть\произвести́ + что?
размеща́ться\размести́ться + где?
расхо́довать\из- + что?на что?
ремонти́ровать\от- + что?
скла́дывать\сложи́ть + что?
смеща́ть\смести́ть + кого-что?
сноси́ть\снести́ + что?

сокраща́ть\сократи́ть +что?
тра́тить\по- + что?на что?
удлиня́ть\удлини́ть + что?
\ула́дить + что?
умеща́ть\умести́ть что?
умеща́ться\умести́ться
употребля́ть\употреби́ть + что?
управля́ть кем-чем? *(impfv. only)*
устра́иваться/устро́иться + где?
                     или +куда́?
устраня́ть\устрани́ть +что?
чини́ть\почини́ть+ что?

Имена́ существи́тельные:

благотвори́тельность
бельё
брак
впечатле́ние
выступле́ние
граждани́н (гра́ждане)
домостро́ительный комбина́т
здравоохране́ние
ко́мплекс
компью́тер
лентя́й
лече́бница
ма́рка
ма́стер
мастерска́я
мастерство́

мебель *(ж.)*
медикаменты
местечко
милосердие
министр
министерство
неисправность
неполадки
обнаружение
оборудование
отечество
падёж
пациент
помещение
помещик
поместье
посёлок
предлог
предложение
предложный
предок (предки)
прибор
произведение
производительность
производство
руководитель
салфетка
сооружение
сотрудник
срок
строительство
супруга
трест
управление
установка
характер
цех (в цехе и в цеху)

Имена   прилагательные:

благотворительный
вместительный
живой
жилой
иностранный
лечебный
местный
надёжный
неудобный
неуместно
оснащён
отечественный
очередной
пожилой
производственное объединение
просторный
реабилитационный
складной
сложный
стационарный
технологический
торжественный
уместный
ужасный
царский

Наречия:

ежегодно
значительно
ладно
мастерски
неуместно

ДОБАВОЧНОЕ:

A. Дайте английские эквиваленты словосочетаний, приведённых ниже. Придумайте с ними предложения или «мини-диалоги».

1. ранние произведения Пушкина
2. не/известное произведение
3. художественное произведение
4. знаменитое произведение
5. избранные произведения
6. литературное произведение
7. музыкальное произведение
8. произведение искусства
9. произведение литературы
10. исполнить музыкальное произведение
11. главная идея произведения

1. капиталистическое производство
2. сельскохозяйственное производство
3. производство автомобилей
4. подъём производства
5. спад производства

6. сократить производство
7. повысить производство
8. повышение производства
9. рост производства
10. производство радиоприёмников

1. производительность труда (высокая, низкая, средняя)
2. рост производительности труда
3. повышать\повысить производительность труда

Б. Дайте английские эквиваленты нижеприведённых словосочетаний и объясните по-русски их смысл. Постарайтесь составить предложения или «мини-диалоги» с этими словосочетаниями:

1. не/уместный вопрос
2. не/уместное замечание
3. не/уместный поступок
4. не/уместное поведение
5. не/уместная шутка
6. не/уместное предложение
7. не/уместное выступление

8. страшное преступление
9. тяжёлое преступление
10. политическое преступление
11. военное преступление
12. жестокое преступление
13. чудовищное преступление
    (чудовищный ‹ чудовище = монстр)

14. преступление против общества
15. преступление против человечества

B. Compose sentences or verb/noun phrases. Verbs may be used more than once, but use each noun only once.

1. починить	а. оборудование	й. работа
2. произвести	б. пример	к. ария
3. установить	в. ручка	л. желание
4. исполнить	г. план	м. анкета
5. наполнить	д. бланк	н. долг
6. заполнить	е. впечатление	о. пропуски
7. служить	ж. концерт	п. время
8. выполнить	з. бутылка	
9. тратить	и. песня	

Г. Объясните, где и как можно починить........

одёжду   замóк   пальтó
ботѝнки   часы̀   стул
портфéль   радиоприёмник   лампу
чемодáн   холодѝльник   кран
утюг   компьютер   телефóн
машѝну   пѝшущую машѝнку

Д. Скажите, что нужно починить:

Спросите, где в этом городе можно починить:

Е. Для вашего сведения:

НОРВЕЖЦЫ РЕСТАВРИРУЮТ РУССКУЮ ЦЕРКОВЬ

Церковь Василия Кессарийского (постройка XVII века) находится в деревне Чернавино на берегу Волхова в Ленинградской области. Напротив Старая Ладога - первая столица Русского княжества. Именно эту церковь выбрали для реставрации норвежские специалисты. Работы по восстановлению проводит бригада студентов-добровольцев, учеников специальной школы из небольшой деревушки Лом.

Уже три года приезжают в Чернавино учителя и студенты на трехнедельную практику и реставрируют эту церковь. Уже приведен в порядок купол, сейчас кроют крышу, делают ставни, двери.

Норвежцы с радостью взялись за эту работу в России, поскольку это хорошая возможность познакомиться с русским народом, пройти прекрасную практику реставрации древних построек. Трудятся они на добровольных началах.

«Мы не сможем все восстановить сами, - сказал один из местных жителей. — Так что спасибо «варягам». Денег нет, а церкви нужны. Вера нужна!"

Р. Кучеров
„ВМ"

Ж. Skim the following article and give English equivalents of the underlined sentences or words.

Note: Where will the buildings be located?
Who will live in them?
What will the surrounding area be like?
Who is in charge of the construction?

ТУРКИ И НЕМЦЫ ПОСТРОИЛИ ОЧЕРЕДНОЙ ЖИЛОЙ ГОРОДОК

Немецко-турецкий концерн „Вальтер-Тексер" сдал российской армии под Волгоградом очередной жилой городок. В нем 9 благоустроенных домов на 1277 квартир, школа, 2 детских сада с бассейнами, торговый центр, банк, телефонная станция и все необходимое, чтобы обеспечить офицерским семьям, прибывшим из Германии, нормальную жизнь. Построен этот городок на деньги, которые выделило правительство Германии для выводимых в Россию войск.

Это третий городок на территории России. До этого иностранные фирмы работали на Украине и Беларуси, где построены на немецкие деньги еще шесть городков. Первый заместитель начальника строительства генерал-лейтенант Александр Косов сказал, что фирма „Вальтер-Тексер" построила городок в контрактные сроки — за 14 месяцев.

В стадии строительства находятся еще 27 жилых городков. К концу 1994 года российская армия надеется получить 18 городков на 17200 квартир. Очередь в 140 тысяч семей уменьшится еще на 80000 тысяч.

Слова о „контрактных сроках" прозвучали не случайно. К сожалению, не все квартиры сдаются вовремя и причин этому много. Но одна из важнейших — инфляция, которая в ходе строительства обесценивает выделеннные на это средства. Кроме того, часто наши строители не успевают подвести водопровод, завершить очистные сооружения, подключить коммуникации и т. д.

А турецкая фирма „Тексер" заканчивает очередной городок для наших офицеров и переезжает в новое место недалеко от Санкт-Петербурга.

Будет и там в офицерских семьях праздник новоселья.

Виктор Литовкин
„Известия"

РЕПОРТЁР ПОГИБНЕТ — НЕ БЕДА?

В 1993 году в мире погибло около 80 журналистов, 47 пропали без вести, по меньшей мере 148 репортеров находятся в тюрьмах за попытки узнать и рассказать правду.

Среди наиболее опасных для журналистов стран — Колумбия, Гватемала, бывшая Югославия, а также некоторые государства бывшего Советского Союза.

Мемориальная доска в память о журналистах, погибших в бывшей Югославии, установлена 3 мая на стене одного из зданий в Сараево. На ней надпись: «Первой на войне погибает правда». Начиная с января 1991 года, только в Словении, Хорватии и Боснии погибли 68 репортеров, среди которых русские, французские, американские, итальянские и др. журналисты.

Мемориальная доска в Сараево открыта по случаю Всемирного дня свободы печати. Этот день начали отмечать по решению ООН после того, как 3 мая 1991 года была подписана декларация, которая призвала правительства всех стран обеспечивать свободу прессы и ее демократический характер.

Пресса с тех пор не стала свободнее, а профессия журналиста по-прежнему является одной из наиболее рискованных.

Эксперты «Фридом Хаус» назвали самыми благополучными странами Австралию, Бельгию, Данию, Новую Зеландию и Норвегию. Это страны, где не преследуют журналистов и где отсутствует политическое и экономическое давление на прессу.

В «черном списке» находятся Китай, некоторые страны Африки, а также Азербайджан, Таджикистан, Туркменистан и Узбекистан.

Россия оказалась в списке из 64 стран «с частично свободной прессой».

«Известия»

A. This article is about danger of journalistic profession. Find the following points of information.
1. What countries are the most dangerous for journalists?
2. Why?
3. What happened on 3 May 1991? Where can one see the words: "In wars the truth is the first to die"?
4. What kind of data is provided by the Freedom House? How can you explain it?
5. What countries are blacklisted?
6. How can you explain Russia's place on the Freedom House list?

B. Объясните по-русски:
    1. погибáть
    2. пропáсть бéз вести
    3. мемориáльная доска
    4. отмечáть
    5. ООН
    6. декларáция
    7. призвáть
    8. обеспéчивать
    9. преслéдовать
    10. благополýчный
    11. «чёрный спúсок»
    12. отсýтствовать

C. Дайте видовую пару и укажите управление:

    1. погибáть
    2. устанáвливать
    3. отмечáть
    4. подпúсывать
    5 призывáть
    6. называть
    7. решáть

D. Дайте синонимы:

    1. журналист
    2. прéсса
    3. погибáть
    4. госудáрство
    5. опáсная профéссия
    6. декларáция
    7. с тех пор
    8. отмечáть

E. Ask each other questions in Russian which will elicit all the pertinent information.

F. Словообразование:

Find words in the text which contain the following roots. Learn the additional words
with these roots and compose sentences with them.

1. ВОЙ +_____

воин—warrior
  воинственный — warlike, bellicose
  войнствующий—militant
  война
    военный—military (adj.); serviceman (noun)
    военно-воздушный airforce (adj.) военно-морской naval
  воевать с кем?—to wage war

2. ПИС +/ПИШ +_____

писать \написать - **что? чем? в чём? на чём? куда? кому? о
    ком? о чём? на каком языке? как?** - to write
  писатель -writer
  письмо   - letter
  письменный стол - desk
  письменный экзамен - written exam
подписывать/подписать - **что?** - sign (verify by signing)
    подписать документ
        договор с кем?
        контракт с кем?
  подписываться/подписаться **где? на что**? - sign; subscribe to
    подпись (*f.*) - чья? **на чём? какая**? signature
надписывать/надписать - **что?** (книгу, фотографию) - sign (autograph)
    надпись(*f.*)) - на книге, на фотографии, на памятнике,
        на мемориальной доске
записывать/записать - **что?** to record, write down, make note of
    записать адрес, телефон, лекцию, концерт выступление (на плёнку)
    записываться/записаться - **куда?** to sign up (for), register (for)
        записаться - на приём к врачу, на курсы
        запись (*f.*) - магнитофонная
        видеозапись
        записка - note
          записная книжка
переписывать/переписать **что?** to rewrite
    переписать статью, главу в книге, курсовую работу,
        сочинение, эссе
    переписываться (*impfv. only*) - **с кем?** to correspond with
      переписка - correspondence

3. ЗЫВ +/ЗВ +_____

называть/назвать - **кого? что? кем? чем?**...   to name, to call a name
  название книги, фильма, журнала
  называться (*3rd person only*)   - Как называется этот город?
звать/позвать **кого? куда?**
    звать (*impfv. only*) - **кого?** — Как зовут вашего друга?

призыва́ть/призва́ть - **кого? что? к чему?**- to call (to)
призва́ть люде́й, стра́ны — к ми́ру, к войне́, к борьбе́, к
поря́дку, солида́рности
призва́ние - к му́зыке, к нау́ке, к жи́вописи - calling
Музыка — его настоя́щее призва́ние.

4. РЕШ+_____

решѝтельность— decisiveness
решѝтельный — decisive
реша́ть\решѝть+**что**?— to decide, solve, determine
реша́ющий — most important (вопрос, момент, голос)
реша́ться\решѝться+**на что**? — to make up one's mind
реше́ние
принима́ть реше́ние

G. Fill in the blanks with correct verb forms.

ПИС/ПИШ+

1. Я должна _____ к врачу, у меня болят зубы.
2. На какие курсы ты_____ в следующем семестре?
3. _____ , пожалуйста, мой телефон и адрес.
4. На мемориальной доске мы прочитали интересную _____
5. Это не моя _____ , я не _____ этот
   документ.
6. Вы должны заполнить эту анкету и _____ её.
7. У меня есть _____ этого концерта, я могу дать тебе.
8. Я уже давно _____ на газету «Московские новости», а
   скоро и моя подруга тоже _____ на неё.

ЗЫВ/ЗВ+

1. Как вы _____ преподавателя, по имени или по
   имени и отчеству?
2. _____ русских писателей, которых вы знаете.
3. Как _____ журнал , в котором ты прочитал эту
   статью?
4. Я забыл _____ газеты, в которой прочитал эту
   статью.
5. Моя подруга _____ дочь Татьяной, а сына
   Андреем.

ВОЙ+ / РЕШ+

1. Сербия уже несколько лет _____ с Боснией, и конца этой _____ не видно.
2. Во все _____ моменты жизни он обращался за помощью к своему близкому другу.
3. Уж если Сергей что-то _____ , то обязательно сделает.
4. Он очень сердит на меня, и я не _____ ему позвонить.
5. Я всегда завидую людям, которые легко и быстро всё _____ , потому что я - человек очень _____ .

H. Образуйте прилагательные от названий месяцев:

январь_____

февраль_____

март март-*ов* -_____

апрель_____

май_____

июнь_____

июль_____

áвгуст август-*ов* -_____

сентябрь_____

октябрь_____

ноябрь_____

декабрь_____

I. Выпишите из текста названия стран и напишите национальности людей (мужской и женский род), которые живут в этих странах.

J. **Vocabulary Review**

Глаголы:

воевáть+ с кем?
запи́сывать/записáть что?
запи́сываться/записáться куда?
звать/позвáть кого?
надпи́сывать/надписáть что?
называ́ть/назвáть кого?
называ́ться
обеспéчивать/обеспéчить что?
оказываться/оказаться
отмечать/отметить что?
открывáться\откры́ться

писáть что?
погибáть/поги́бнуть
подпи́сывать/подписáть что?
преслéдовать кого? за что?
призывáть/призвáть кого?
принимáть/приня́ть решéние
пропадáть/пропáсть бéз вести
рассказывать/рассказáть что? кому?
реша́ть\реши́ть+ что?
реша́ться\реши́ться+ на что?
узнавáть/узнáть что?
устанáвливать/установи́ть что?

Имена существительные:

беда́
война́
госуда́рство
давле́ние
деклара́ция
журнали́ст
записна́я кни́жка
запи́ска
за́пись *(ж.)*
зда́ние
мемориа́льная доска́
мир
на́дпись *(ж.)*
назва́ние
перепи́ска
печа́ть *(ж.)*
писа́тель
письмо́
по́дпись *(ж.)*
пра́вда
прави́тельство
пре́сса

призва́ние
профе́ссия
репортёр
реше́ние
реши́тельность
свобо́да
слу́чай
страна́
хара́ктер
янва́рь
экспе́рт

Имена прилага́тельные:

америка́нский
апре́льский
а́вгустовский
благополу́чный
бы́вший
вое́нный
во́инственный
во́инствующий
всеми́рный
демократи́ческий

италья́нский
ию́льский
ию́ньский
ма́йский
ма́ртовский
ноя́брьский
октя́брьский
опа́сный
полити́ческий
реши́тельный
риско́ванный
ру́сский
сентя́брьский
свобо́дный
февра́льский
францу́зский
экономи́ческий
янва́рский

Сою́зы

после того, как

ДОПОЛНИТЕЛЬНОЕ:

Миссис Даутфаер посетила Москву

Этот неспособный Даниэль Хиллард вечно что-нибудь придумает! Мало того, что остался без работы, так ещё на день рождения одного из троих детей привел в дом целый зверинец — какие-то обезьяны, овцы, кошки. Даниэль, как считает его жена Миранда, настоящий негодяй. Все терпение Миранды лопнуло, немедленно развод, всех детей себе, а так называемый муж пусть видится с ними раз в неделю. Но для Даниэля, который обожает своих детей, это самое страшное наказание.

Тогда ему приходит в голову мысль превратиться в 60-летнюю англичанку миссис Даутфаер и поступить на службу няней к своим собственным детям.

Замечательный актер Робин Уильямс одинаково прекрасно исполняет и роль отца, и роль воспитательницы своих детей.

Недавно в Москве состоялась премьера этой трогательной и смешной картины. Российская кинокомпания „СЭФ — Кинотон" сделала очередной подарок зрителям.

Валерий Туров
«Известия»

1. Что Вы делаете, если Вы поступаете неправильно?
   недальнови́дно?
   нече́стно?
   несправедли́во?
   благоро́дно?
   неблагоро́дно?
   не по-дружески?
   неразумно?
   в аспиранту́ру?
   в консервато́рию?
   в духо́вную акаде́мию?
   на курсы води́телей?

   Составьте «мини-диалоги», в которых Вы рассказываете, как Вы
   поступили *неправильно, нечестно, благородно* etc.

2. Объясните, что такое .....   благоро́дный посту́пок.
   по́длый посту́пок.
   ни́зкий посту́пок.
   жесто́кий посту́пок.
   сме́лый посту́пок.

3. Что Вы делаете, если Вы........кого-нибудь хвалите за его поступки?
   кого-нибудь наказываете за его поступки?

4. Подберите синонимы или близкие по значению слова из правой   колонки. Используйте
   все слова.

_____ 1. испортиться	а. исполнить
_____ 2. войти	б. нести службу
_____ 3. сложный	в. исполнители
_____ 4. страшный	г. спецслужбы
_____ 5. чинить	д. содействовать
_____ 6. полнеть	е. вор
_____ 7. выполнить	ж. военнослужащие
_____ 8. весть	з. трудный
_____ 9. вступить	и. выйти из строя
_____10. преступник	й. ужасный
_____11. действительный	к. ухаживать
_____12. помогать	л. ремонтировать
_____13. ФБР, ЦРУ, КГБ	м. известие
_____14. солдат, моряк, лётчик	н. толстеть
_____15. раб	о. записаться
_____16. обслуживать	п. вместиться
_____17. лётчик	р. настоящий
_____18. певе́ц, актёр	с. неисправность
_____19. служить	т. сломаться
_____20. неполадка	у. добиться
_____21. сыграть	ф. состоятельный
_____22. праздник	х. торжество́
_____23. получить	ц. собор
_____24. заграничный	ч. зарубежный
_____25. удача	ш. успех
_____26. церковь	
_____27. богатый	
_____28. храм	

Прочитайте следующую статью. Определите:

1. Когда отмечается Всемирный день свободы печати?
2. Кем является Фредерико Майор?
3. Что было написано в послании Майора?
4. Почему журналисты сейчас особенно нуждаются в поддержке международной общественности?
5. Сколько репортеров находятся в тюрьмах в Китае?
6. В каких странах журналистов держат в тюрьме?

ЖУРНАЛИСТ - ПРОФЕССИЯ РИСКОВАННАЯ

3 мая отмечался Всемирный день свободы печати.

Профессия журналиста стала одной из самых опасных в мире, - заявил генеральный директор ЮНЕСКО Фредерико Майор в своем послании по случаю этой даты. - Однако никакой риск не останавливает отважных женщин и мужчин, которые стремятся *внести свой вклад в поиск истины, в получение правдивой информации, в строительство мира и демократии.

Сегодня, как никогда, журналисты разных стран мира нуждаются в поддержке международной общественности. Никогда ещё так много корреспондентов не находилось *за решеткой, их число превысило 140. В Китае *отбывают различные сроки наказания 24 журналиста, остальные находятся в темницах Турции, Ирана, Анголы, Сирии, Ливана, Бирмы.

Ю. Коваленко
«Известия»

Обратите внимание на подчёркнутые выражения. Приведите синонимы.

1. *Внести свой вклад - _____

2. *За решеткой   - _____

3. *Отбывать различные сроки наказания - _____

Письменное задание:

Считаете ли вы, что профессия журналиста рискованная? Напишите, что вы думаете об этом, и обоснуйте (*support*) ваше мнение. Используйте лексику из текста.

A. The article below is about a Russian holiday. Note the following points of information:

1. The name of the holiday.
2. The date the holiday is celebrated.
3. When the country began to celebrate it.
4. How the holiday will be celebrated.
5. Who will participate in the celebration.
6. Where the celebration will take place.

ДЕНЬ РОССИЙСКОЙ НАУКИ

В воскресенье, 20 апреля — День российской науки

Впервы́е страна отметила этот праздник четырнадцать лет назад.

В этот день ви́дные русские учёные, конструкторы, инженеры, представители общественности со-

берутся в Колонном зале Дома союзов. Здесь состоится торжественное собрание, посвящённое Дню русской науки. Его проводят Академия наук России и Государственный комитет России по науке и те́хнике.

*Московский городской комитет «ВМ»

B. Ask each other questions in Russian which will elicit the information provided in the article.

C. Ask each other questions about when something happened. Use the dates provided for your answers and then add dates of your own.

ОБРАЗЕЦ: четверг, 8 марта   —Когда прибыла́ делегация?
                                            — В четверг, восьмого марта.

понедельник, 15 мая   пятница, 11 ноября
среда, 7 мая   четверг, 4 апреля
суббота, 3 сентября   вторник, 23 июля

D. Ask each other what day you were born and give the answer.

E. Подберите синонимы. Используйте все слова из правой колонки.

____1. в первый раз   а. видный
____2. иметь место   б. отмечать
____3. известный   в. праздник
____4. государство   г. знаменитый
____5. сойтись   д. страна
____6. встреча   е. впервые
____7. праздновать   ж. состояться
____8. торжество   з. собрание
                             и. собраться

F. Объясните по-русски:

1. видный учёный   4. Дом союзов
2. праздник   5. состояться
3. представитель   6. впервые
           7. конструктор

G. Укажите вид и дайте видовую пару (если есть). Проспрягайте:

1. отметить
2. собраться
3. состояться
4. посвятить
6. проводить

H. Поставьте глаголы в указанном времени:

1. Страна впервые отметила этот праздник. *(pres.)*
2. Видные учёные и представители общественности соберутся
   в Колонном зале Дома союзов. *(pres.; past pfv.)*
3. Там состоится торжественное собрание *(past pfv.)*
4. Собрание проводит Академия наук России.. *(past impfv.; fut. pfv.)*

I. Словообразование:

Find the words in the text which contain the following roots. Learn the
additional words with these roots and compose sentences with them.

1. МЕТ+ _____

отме́тка — grade   ста́вить\поста́вить отме́тку+ **кому?**
                          to give a grade

замеча́ть\заме́тить+ **кого-что?** —   to notice
   замеча́ние —   remark, reprimand
      с\де́лать замеча́ние+ **кому?** — to reprimand
   замеча́тельный — remarkable (замеча́тельно)

примеча́ть\приме́тить+ **кого-что?** —   to notice, perceive
   примеча́ние — note, annotation
   приме́та — sign, distinguishing mark or feature

2. Б/Р+ _____

разбира́ть\разобра́ть+ **что?** — to investigate, take apart
разбира́ться\разобра́ться+ **в чём?**— to understand, make out

собира́ться+ де́лать (сделать) **что?** —to get ready; to intend
   сбор —   assembly, gathering, collection
      Всё в сбо́ре. —   Everyone is gathered.
   собо́р —   cathedral
   собра́ние —   meeting

уби́рать\убра́ть+ **что?** — to take away, clean up
   убира́ться\убра́ться = уйти; уехать
      убо́рная — toilet
      убо́рщик — janitor
      убо́рщица — janitor

3. СТОЙ+ _____

состоя́ть+ **из кого-чего?** +**в чём?** — to consist *(of/in)*
            Impfv.only!!!!!!!!
   состоя́ние —   condition
   состоя́тельный —   well off

отста́ивать\отстоя́ть+ **что?** —   to resist, defend, stand up for обстоя́ть *(3rd person only)* — to be, to get on

Как обстоя́т дела? How are things?

обстоя́тельство — circumstance

стоять $\begin{cases} \textbf{+за кого-что?} - \text{to stand up for} \\ \textbf{+за чем?} - \text{to stand behind} \end{cases}$

4. СВЯТ + _____

посвяща́ть\посвяти́ть + **что** + $\left.\begin{matrix} \textbf{кому?} \\ \textbf{чему?} \end{matrix}\right\}$ — to dedicate

посвяще́ние — dedication

свято́й — holy

свяще́нник — priest

свяще́нный — sacred

J. Придумайте как можно больше разных ответов на каждый из поставленных вопросов:

1. Что можно **отметить**? А **заметить**?

2. Кому можно делать **замечание**? По какому поводу?

3. Что может быть **замечательным**?

4. Где можно найти **примечания**?

5. Что можно **разобрать**?

6. В чём можно **разобраться**?

7. Где можно найти интересные **соборы**?

8. Когда мы говорим «Все **в сборе**»?

9. Из кого **состоит** ваша семья?

10. Что можно **отстоять**?

11. Что такое **состоятельный** человек?

12. Каким может быть **состояние**?

13. За что можно **стоять**? За чем можно **стоять**?

14. Каких **святых** вы знаете?

15. Что такое «**обстоятельство времени**»?

K. Fill in the blanks with the correct form of the appropriate word. Choose the word from those given before each group of sentences. Some words may be used more than once, some may not be used at all.

> стоять / отмечать / примечание / обстоять / замечать
> разбирать/ся / обстоять / состоятельный / святой

1. Завтра мы _____ ее день рождения.

2. Почему в этой книге нет никаких _____?

3. Как _____ ваши дела?

4. Его родители _____ люди. Они могут заплатить за всё.

5. Я плохо _____ в лингвистике.

> посвятить / стоять / собор / состояние /
> обстоятельство / состоять/ся / поступить

1. Он давно _____ в партии.

2. Кому он _____ свою последнюю книгу?

3. Храм Василия Блаженного на Красной площади также называется

   Покровским _____.

4. Больной находится в тяжёлом _____.

5. Его работа _____ в переписывании разных бумаг.

6. Из скольких комнат _____ ваша квартира?

7. Твои ботинки _____ под кроватью.

> отметка / состоять/ся /собирать/ся / разобрать/ся
> собрание / состояние / убрать/ся

1. Идите к нему скорее! Он _____ уходить.

2. Почему ваша комната такая грязная? Разве никто её

   не _____.

3. Мы говорили об этом на вчерашнем _____.

4. Какую _____ она вам поставила?

5. Помоги мне! Я не могу _____ этот адрес.

6. Куда вы _____ ехать?

7. Что вы узнали о _____ больного?

8. Из-за плохой погоды экскурсия не _____.

9. _____ отсюда!

L. Tell a friend about the American holiday Martin Luther King Day. When is it celebrated, how did it originate, when was it first celebrated, and how is it celebrated? Explain who Martin Luther King was.

M. Tell a Russian friend how Americans celebrate Labor Day, Independence Day, Thanksgiving, Christmas, New Year's, Mother's Day, Father's Day, Easter.

VOCABULARY REVIEW

Глаголы:

замечáть\замéтить+кого-что?
имéть мéсто
отмечáть\отмéтить+что?
отстáивать\отстоя́ть что?
посвящáть\посвяти́ть+что кому- чему?
прибывáть\прибы́ть+ куда?

примечáть\примéтить+кого-что?
проводи́ть\провести́ + что?
разбирáться\разобрáться+в чём?
разбирáть\разобрáть+ что?
собирáться\собрáться + где?
состоя́ть из кого-чего? в чём? Impfv.
сходи́ться\сойти́сь +где?

Имена существительные:		**Имена прилагательные**
делега́ция	представи́тель	
Дом сою́зов	приме́та	блаже́нный
госуда́рство	примеча́ние	ви́дный
зал	свяще́нник	госуда́рственный
заме́тка	собо́р	замеча́тельный
замеча́ние	собра́ние	изве́стный
коло́нна	состоя́ние	свято́й
комите́т	страна́	свяще́нный
констру́ктор	храм	состоя́тельный
нау́ка		торже́ственный
обще́ственность	**Наречия:**	учёный
посвяще́ние		
пра́здник	впервы́е	
	наза́д	

Для вашего сведения:::::::::::::

VOПРОСЫ ПО ТЕЛ:
259-33-33
С 9 ДО 12 ЧАСОВ
         суббота: с 10 до 12

Справочное бюро «ВМ»

●**Т.ЛУНИНА**: Интересно узнать, какие праздники отмечались в первые годы Советской власти?

ОТВЕТ: Как сообщили нам в Государственном Историческом музее, по декрету Совнаркома от 17 июня 1920 года новыми советскими праздниками считались — 22 января (день 9 января 1905 года), 12 марта (день низвержения самодержавия), 18 марта (день Парижской коммуны), 1 Мая (день Интернационала), 7 ноября (день Пролетарской революции). Все эти дни были нерабочими.

Кроме того, официально отмечались и религиозные праздники: Рождество, Крещение, Благовещенье, Пасха, Вознесение, Троица, Духов день, Преображение, Успение.

Прочитайте следующую статью:

Митрополит Николай: Я верю в возрождение России

Много размышляю сейчас о будущем России, о духовном возрождении русского народа. Да, церкви сейчас возрождаются. Но церковные общины не так многочисленны. Верующие участвуют лишь в богослужении. В больших городах они даже не знают друг друга. Семьдесят с лишним лет *смуты не прошли даром. Но Русскую Православную Церковь не уничтожили давления и репрессии. Все эти годы Церковь готовила не церковнослужителей, а исполнителей государственной власти. Ныне ситуация меняется. В Церковь приходят люди истинно верующие. А это рождает надежду на обновление души верующего человека.

Реставрируются и открываются храмы, духовные семинарии, церковно-приходские школы, возрождается монашество. Я верю, что все это возродит величие России.

„Вечерняя Москва"

*turmoil

Ответьте на следующие вопросы:

1. Кто пишет эту статью?

2. В чем, по мнению автора, должны участвовать верующие ?

3. Как вы понимаете фразу: „Семьдесят лет смуты не прошли даром"?

4. Кого готовила Русская Православная Церковь в годы „смуты"?

5. Что рождает надежду на обновление души верующего?

6. Как возрождаются церковные традиции?

A. The article below is about the "Lost and Found Office" of the Moscow subway
    system.   Find the following information:

    1. The types of articles kept in this office.
    2. The location of the office.
    3. How the items get there.
    4. How many persons work there.
    5. How the items are returned to the proper owner.
    6. Approximately how many items per year turn up
       here and how many are returned.
    7. What happens to unclaimed items.
    8. How one can find out if a lost item is there.

Забытые вещи

Чего только нет на полках этого необычного склада: сумки, портфели, сапоги, зонты, перчатки, футляры для чертежей, прогулочные детские коляски, «дипломаты», ботинки. Есть здесь микрокалькуляторы, магнитофоны, электросоковыжималки, настольные часы, велосипед...

Склад находится в вестибюле станции метро «Университет». В нём — вещи, забытые пассажирами в вагонах и на подземных вокзалах сто-личного метро. Заведующая хранилищем Н. Потапова, сотрудницы Н. Коробкова и К. Новикова всегда внимательно встречают посетителей, узнают приметы вещей и, если всё совпадает, возвращают владельцам.

В 1985 году на склад поступило 17.050 предметов, отдано было 6500. А куда деваются остальные? На склад приходит комиссия из представителей Дзержинского райфинотдела и базы госфонда Москомиссионторга. Ве-щи, которые лежат более трёх месяцев, оцениваются и отправляются в комиссионные магазины для продажи.

Если среди вещей обнаруживается адрес или телефон владельца, работники склада связываются с ним и просят приехать получить забытое.

Телефон склада для справок 222-20-85.

С. АКЖИТИТОВ
«Вечерняя Москва»

B. Ask each other questions in Russian in order to elicit the information given in the
    article. Ask as many questions as possible for each point of information.

C. Подберите синонимы. Используйте все слова из правой колонки.

_____ 1. отдать	а. всё есть
_____ 2. подземный вокзал	б. склад
_____ 3. черта	в. забыть
_____ 4. обнаружить	г. вернуть
_____ 5. начальник	д. владелец
_____ 6. оставить что-то дома	е. исчезать
_____ 7. хранилище	ж. отправлять
_____ 8. Чего только нет!	з. связаться по телефону
_____ 9. деваться	и. найти
_____ 10. посылать	й. станция метро
_____ 11. хозяин	к. примета
_____ 12. позвонить	л. оказаться одинаковыми
_____ 13. совпасть	м. заведующий

D. Объясните по-русски:

1. забытое
2. оценивать
3. комиссионный магазин
4. настольные часы
5. склад
6. футляр
7. детская коляска
8. вестибюль
9. чертёж
10. совпадать
11. заведующий
12. примета
13. предмет
14. деваться
15. поступить на склад
16. магнитофон
17. необычайный
18. микрокалькулятор
19. оценивать

E. Дайте видовую пару (если есть) и проспрягайте:

1. заведовать
2. узнавать
3. совпадать
4. оценивать
5. отправлять
6. обнаруживать
7. связаться
8. возвращать
9. деваться
10. отдавать

F. Укажите управление:

1. заведовать
2. узнавать
3. деваться
4. связаться
5. отправляться
6. совпадать

G. Раскройте скобки:

1. Заведующей хранилищем работает *(Нина Потáпова)*
2. Сегодня нет её сотрудниц *(Наталья Коробкóва и Елена Нóвикова)*
3. Сегодня вы познакомились *(Нина Потáпова, Елена Нóвикова и Наталья Коробкóва).*
4. Разве вы знаете *(Коробкóва, Нóвикова, Потáпова)?*

H. Разыграйте: Вы оставили в поезде метро фотоаппарат. Вы звоните в Бюро находок и спрашиваете о своём аппарате. Вам отвечают: —**Никаких фотоаппаратов у нас нет │ │ │ │ │**

Вы оставили в поезде метро: *сумку, портфель, сапоги, зонтик, детскую коляску, микрокалькулятор, видеомагнитофóн, новые ботинки, новую электросоковыжимáлку, велосипед, футляр для чертежей, шубу, кухонный комбайн.*

I. Придумайте как можно больше разных ответов на каждый из поставленных вопросов:

1. Какая разница между **сумкой** и **сумочкой**? Между **сумкой** и **портфелем**?
2. Для чего нужен **футляр**?
3. Какая разница между **ботинками и сапогами**?
4. Чем можно **заведовать**?
5. Что можно **отдать**?
6. Что может находиться на **складе**?
7. Что можно **оценивать**?
8. Как можно **связаться** с кем-нибудь?
9. Какими могут быть **часы**?
10. Что можно **обнаружить**?

J. Словообразование:

Find words in the text which contain the following roots. Learn the additional words with these roots and compose sentences with them.

1. КЛАД + _____

   кладова́я — pantry   класть\положи́ть + **кого-что + куда**?
   кла́дбище — cemetery
   клад — treasure
     не покладáя рук — without stopping, indefatigably

2. ЧЕРТ + _____

   черта́ — feature, characteristic, trait, line
   черти́ть\начерти́ть + **что**? — to draw
   чертёжник — draughtsman
   чертёжный — drawing

3. СТОЛ _____

   сто́льный   столо́вая
   столи́ца   столовая ло́жка

   столя́р — cabinetmaker

4. СТАВ + _____

   представля́ть\предста́вить
   {
     что+из себя? — to be
     что+собой? — to be
     кого-что?+кому? — to introduce
     что+себе? — to imagine
   }

   представля́ться\предста́виться + кому? — to introduce oneself

   представле́ние — presentation, representation, idea

     представи́тельный — imposing
     представи́тель — representative
      Пала́та представи́телей — House of Representatives

5. ВЯЗ + _____

> вяза́ть+ что? —   to knit, crochet
>   вя́заный —   knit, crocheted *(adj.)*
> связь (f.) —   tie, connection
>   свя́зка — sheaf, bunch
>   связка ключе́й — key ring
>   голосовы́е связки —   vocal chords
>   Министе́рство связи
>   Моссвязь
>   вяз — elm

K. Придумайте как можно больше разных ответов на каждый из поставленных вопросов:

1. Что находится в **кладовой**?
2. Что такое **кладбище**?
3. Как можно работать **не покладая рук**?
4. Что делает **чертёжник**. Какая у него работа?
5. Какими могут быть **черты** лица? **А черты** характера?
6. Что можно **представить себе**?
7. Какое можно иметь **представление** о чём-то?
8. Кого можно **представить**?
9. Как выглядит **представительный** человек?
10. Какой может быть **связь**?
11. Какими могут быть **связи**?
12. Что можно **вязать**?
13. Где растут **вязы**?

L. Fill in the blanks with words from above according to context. Give variants where possible.

1. Какие у неё _____ лица?

2. Я не могу _____жизнь в другой стране.

3. Брат у неё работает_____ .

4. На каком _____похоронен Чехов?

5. Я имею честь _____ вам своего коллегу

    профессора Иванова.

6. _____ , вы пра́вы.

7. Мы ещё не знакомы, разрешите _____ .

8. Это плохая _____его характера.

9. Она носила _____ кофточку.

M. Finish the following sentences. Give as many variants as possible.

1. Я хочу представить Вам ....
2. Представьте себе ....
3. Я не могу представить себе ....
4. Он заведующий ....

N. Объясните, почему вы не пришли на свидание!

You lost your (briefcase, travelling bag, suitcase, etc.) in the subway. You went to the service bureau in your hotel, and there you were directed to the Lost and Found office for the Moscow subway system. Describe how you reached the office, what it looked like, and how you were met by three polite and attentive women who showed you various items similar to the one you lost. Unfortunately, your item was not there, but since you had your name and address on it, they promised to get in touch with you if it turns up.

O. Memorize the dialogue in the model below and compose a dialogue based on it. Use the words сумка, портфель, «дипломат», видеомагнетофон, футляр для очков, альт, шуба, велосипед, кашне, кошелёк, микрокалькулятор and any other words for objects which can get lost:

ОБРАЗЕЦ:

А. —У меня пропал *зонтик* .

Б. —Ты, наверное, оставил/а его в поезде метро, когда ехал/а домой. Позвони в бюро находок и узнай, нет ли там *твоего зонтика* .

А. —Я уже звонил/а и говорил/а с очень милой дамой, которая мне сказала, что *никаких зонтиков у них нет.*

Что у Вас пропало?

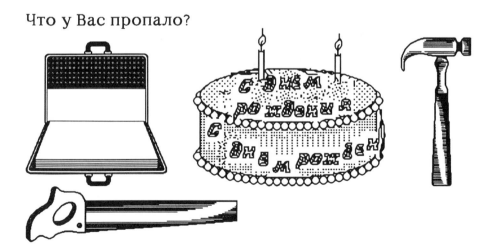

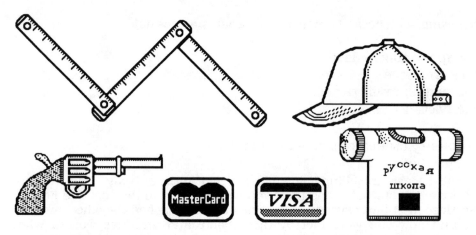

P. **Review Vocabulary**

Глаголы:

возвраща́ть\возврати́ть + что? кому?
вяза́ть
дева́ться\де́ться + куда?
заве́довать + чем?
обнару́живаться\обнару́житься + где?
оставля́ть\оста́вить + что? где?
отдава́ть\отда́ть + что? кому?
отправля́ться\отпра́виться + куда?
оце́нивать\оцени́ть + что?
посыла́ть\посла́ть + что? куда?
представля́ть\предста́вить + кого-что?
представля́ться\предста́виться + кому?
свя́зываться\связа́ться + с кем-чем?
узнава́ть\узна́ть + что? от/у кого?
черти́ть\начерти́ть + что?

Имена существительные:

боти́нок (*pl.* боти́нки; *g.pl.* боти́нок)
вяз
велосипе́д
вестибю́ль (*м.*)
видеомагнитофо́н
владе́ние
вокза́л
забы́тое
заве́дующий чем?
зонт (зо́нтик)
клад
кла́дбище
кладовая
коля́ска (детская)
комиссио́нный магази́н
ку́хонный комба́йн
магнитофо́н
микрокалькуля́тор
Моссвя́зь
насто́льные часы́
нача́льник

Пала́та представи́телей
перча́тка
полка
посети́тель
предме́т
представи́тель
представи́тельство
представле́ние
приме́та
прода́жа
сапо́г
склад
соковыжима́лка
стол
столя́р
су́мка
су́мочка
связь (*ж.*)
свя́зка ключе́й
черта́
чертёжник
футля́р
хозя́ин (*pl.* хозя́ева, хозя́ев)
храни́лище

Имена прилагательные:

необы́чный
новопредста́вленный
остально́й
подзе́мный
представи́тельный
прогу́лочный
столи́чный
стольный
чертёжный

Другое:

не покладая рук
чего́ то́лько нет?

ДОПОЛНИТЕЛЬНОЕ:

А. Расскажите о том, что Вы потеряли и почему это так случилось. Употребите в своём рассказе факты и словосочетания из следующей статьи:

РАСТЕРЯЙКИ

Весна, весна! И что бы там ни говорили, мы бессильны перед ласковым маем. Снимаем надоевшие куртки, плащи, и... оставляем всё это в городском транспорте.

За прошедшую неделю в метро, кроме привычных находок — портфелей «дипломатов», были найдены несколько целлофановых пакетов и хозяйственная сумка с вещами. Запах распустившейся черёмухи вскружил голову не только женщинам — забыты 4 дамские сумки, но и какому-то умельцу. Найден чемодан с инструментами. В вагоне метро также забыты удочка и две теннисные ракетки.

В такси оставлены еще одна детская коляска, женский зонтик, пустой чемодан и вновь — пакеты и сумка с одеждой.

А вот службе забытых вещей автобусного и троллейбусного транспорта несказанно повезло. К ним попала картина «Портрет врача Зубенко». Фамилию автора этого полотна установить пока не удалось. Но работники службы надеются, что владелец отзовётся. И еще одна забытая вещь: портфель, в котором лежат необыкновенной красоты портмоне и шкатулка. Резная. Судя по бумагам и непривычной для нас форме письма, этот портфель принадлежит гражданину восточной страны.

Напоминаем: вещи в столе хранения хранятся три месяца. «ВМ»

Б. Объясните по-русски следующие словосочетания. Постарайтесь
    использовать их в предложениях или в «мини-диалогах».

1. экономи́ческие свя́зи
2. торго́вые свя́зи
3. телефо́нная связь
4. пряма́я телефонная связь
5. междугоро́дная телефонная связь
6. непосре́дственная связь
7. неразры́вная связь
8. вне́шние свя́зи
9. вну́тренняя связь
10. неви́димая связь
11. незри́мая связь
12. глубо́кая связь
13. кре́пкая связь
14. те́сная связь
15. междунаро́дные свя́зи
16. логи́ческая связь
17. ро́дственные свя́зи
18. дру́жеская связь
19. сла́бая связь
20. делов́е свя́зи
21. любо́вная связь
22. возду́шная связь
23. отделе́ние свя́зи
24. рабо́тники свя́зи
25. спу́тник свя́зи
26. иметь больши́е свя́зи
27. нала́живать/нала́дить связь с кем-нибудь
28. устана́вливать/установи́ть связь с кем-нибудь
29. подде́рживать связь с кем-нибудь
30. укрепля́ть связь с кем-нибудь
31. связь партии и народа = связь между партией и народом

A. The article below is about an incident by a store. Note the following points of information:

a) Who are М. Морозов and А. Климушин.
b) What they were doing and where they were doing it.
c) What they saw and what their reaction was.
d) The reaction of the people whom they approached.
e) Where Морозов and Климушин took these people.
f) What was in the boxes which they brought with them.
g) Who gave this information to the press.

ПРОИСШЕСТВИЯ

СЛУЧАЙ У МАГАЗИНА

Инспектора́ Красногварде́йского отделе́ния ГАИ М. Моро́зов и А. Климу́шин несли службу недалеко от торго́вого центра. Вдруг они заметили, как двое мужчин загрузи́ли в легкову́ю машину семь тяжёлых я́щиков. Милиционеры заинтересовались их содержи́мым.

Внача́ле пассажи́ры бурно протестовали, но затем смо́лкли. В ближа́йшем отделении милиции вы́яснилось, что в ящиках оказалась ˙сырокопчёная колбаса́.

Н. УСТИНОВ
майо́р милиции, начальник
дежу́рной части Управления, ГАИ

ГАИ=Государственная автомобильная
    инспекция

˙cold smoked

«ВМ»

B. Объясните по-русски:

а. нести службу   д. содержимое
б. торговый центр   е. смолкнуть
в. легковая машина   ж. грузовая машина
г. бурно   з. вначале
    и. дежурная часть

C.   Дайте видовую пару (если есть) и проспрягайте:

       а. заметить

       б. загрузить

       в. протестовать

       г. выясниться

       д. оказаться

       е. смолкнуть

       ж. интересоваться

D.   Дайте примеры управления:

       а. интересоваться

       б. протестовать

       г. оказаться

       д. случиться

       е. загрузить

       ж. заметить

E.   <u>ЗАМЕТЬТЕ</u> ! ! ! ! ! ! ! !

случаться\случиться ⎫
происходить\произойти ⎭   = *to happen, occur, take place*

случаться = *to happen (repeatedly), to occur*
происходить = *to be going on, to be happening (in present tense)*

ЗАПОМНИТЕ:

         Это часто случается.
         That happens a lot / often.

         Что здесь происходит?
         What's going on here? / What's happening?

Note the spelling of   прои<u>с</u>шествие.

F. Составьте предложения по образцу:

ОБРАЗЕЦ: Она не русская ...

Она не русская, но она русского происхождения.

Он не англичанин ...

Он не англичанин, но он английского происхождения.

Он не армянин ...	Я не украинец ...
Она не полька ...	Он не итальянец ...
Мы не немцы ...	Она не испанка ...
Они не венгры ...	Он не финн ...
Он не шотландец ...	Я не датчанин ...
Я не ирландец ...	Она не норвежка ...

G. Переведите следующие предложения на английский язык. Проследите за употреблением видов глагола.

   а. Морозов и Климушин несли службу недалеко от центра.

   б. Они заметили, как двое мужчин загрузили в машину семь тяжёлых ящиков.

   в. Они заметили, как двое мужчин загружали в машину семь тяжёлых ящиков.

   г. Милиционеры заинтересовались их содержимым.

   д. Милиционеры интересовались их содержимым.

H. Переведите следующие предложения на английский язык.
Note the difference in meaning between оказывать\оказать and оказываться \ оказаться:

Оказалось, что все знали его.

Он оказался дома.

Она оказалась его сестрой.

Их там не оказалось.

Они, оказывается, об этом не знали.

Они оказали большое влияние на него.

Они мне помощи не оказали.

I. Закончите предложения. Придумайте возможные варианты:

1. Он работает недалеко от ....
   а)_____
   б)_____
   в)_____
   г)_____
   д)_____

2. Потом выяснилось, что ....
   а)_____
   б)_____
   в)_____
   г)_____
   д)_____

3. Мы заинтересовались ....
   а)_____
   б)_____
   в)_____
   г)_____
   д)_____

4. Это ....случается.
   а)_____
   б)_____
   в)_____
   г)_____
   д)_____

J. СЛОВООБРАЗОВАНИЕ:

Find words in the text which contain the following roots. Learn the additional words with these roots and compose sentences with them.

1. ГРУЗ+_____

   грузови́к — truck
   гру́зчик — stevedore, docker

   грузи́ть[1] \ { загрузи́ть / нагрузи́ть } + что? — to load (*up*)

   нагру́зка — load

   грузи́ть\погрузи́ть + что + во/на что? — to load

   разгружа́ть\разгрузи́ть + что? — to unload

   погружа́ться\погрузи́ться + во что? — to sink, plunge into

---

[1]Fixed stress on endings (гружу́, грузи́шь etc.) is also correct

2. ДЁРГ + / ДЕРЖ + _____

держа́ть\подержа́ть + **кого-что?** — to hold
    держа́ва — power/country

держа́ться\ + $\begin{cases} \textbf{чем?} \\ \textbf{за кого-что?} — \text{to hold on to} \\ \textbf{чего?} — \text{to adhere to} \end{cases}$

Держи́тесь за по́ручни! — Hold onto the handrail!
    Держи́тесь левой стороны! — Keep to the left!

сде́рживать\сдержа́ть + **кого-что?** — to hold back, restrain
сде́рживаться\сдержа́ться — to restrain oneself
    сде́ржанный — restrained

заде́рживать\задержа́ть + **кого-что?** — to delay
заде́рживаться\задержа́ться + **где?** — to be delayed
    заде́ржка — delay

содержа́ть + **кого-что?** — *(impfv. only)* to contain, keep, maintain;
                            to support financially
    содержа́ние — content, maintenance, volume

вы́держивать\вы́держать + **кого-что?** — to bear, endure
    вы́держать экзамен — to pass an exam

поддерживать\поддержа́ть + **кого-что?** — to support
    поддержка — support

K. ЗАПОМНИТЕ:

вор (во́ра: *pl.* во́ры, воро́в, вора́м) — thief

красть\укра́сть + **что + у кого?** (краду́, крадёшь) — to steal

гра́бить\огра́бить + **кого?** (гра́блю, гра́бишь) — to rob
    грабёж (*gen.* грабежа́)

ворова́ть\сворова́ть + **что + у кого?** — to swipe/pilfer

L. Придумайте как можно больше разных ответов на каждый из по-
    ставленных вопросов

    1. Какая разница между **случаем** и **происшествием**?

    2. Во что можно **погрузиться**?

    3. Что можно **погрузить** в машину?

    4. Какая разница между легковой машиной и **грузовой**?

5. Чего можно **держаться**?

6. Где можно **оказаться**?

7. Каким можно **оказаться**?

8. На кого можно **оказать влияние**?

9. Что такое «**сдержанный человек**»? Как он ведёт себя?

10. Где можно **задержаться**?

11. Что можно **сдержать**?

12. Что такое **грузчик**? Какая у него работа?

13. Чем можно **держаться**?

14. Какая разница между **грузом** и **нагрузкой**?

15. Что может быть **выдержанным**?

16. Какая разница между **содержанием** и **содержимым**?

17. Кому можно **оказать помощь**?

18. Какие фрукты и овощи **содержат** большое количество витамина С?

19. Если вы кого-нибудь **содержите**, что вы делаете?

20. Что такое «**содержанка**»?

M. Fill in the blanks with the correct form of the appropriate word. Choose the word from those given before each group of sentences. Some words may be used more than once; others may not be used at all.

> разгрузить; держать; выдержанный; держаться;
> сдержанный; выдержать; содержать

1. _____ руками!

2. Она очень тихий и _____ человек.

3. Его судьба _____ на волоскé.

4. —Машину уже _____? —Нет, ребята её

    ещё _____ .

5. _____ язык за зубами!

6. Он один _____ большую семью.

7. Девочка _____ за юбку матери.

> выдержка; задержка; задержаться; погрузиться;
> нагрузка; оказаться, сдержать; выдержать;
> поддержка; оказать

8. Никого там не _____ .

9. Он _____ в свою работу и я его давно не видел.

10. Смотри, не _____ у них!

11. Это очень тяжёлое для меня время. Надеюсь, что я

  всё _____ .

12. Не ждите меня. Я сегодня, наверное, _____

  на работе.

13. Ему не _____ никакой _____ .

14. Она _____ все экзамены.

15. Что вы будете делать, если они там _____ ?

16. В этом семестре у меня неполная _____ .

17. Его предложение не встретило никакой_____ .

> ограбить; украсть; кража; воровать; вор; случаться;
> происходить; содержание

18. Все мои деньги идут на _____ семьи.

19. Смотри, чтобы тебя не _____ !

20. Смотри, чтобы не _____ эти книги!

21. Опытный _____ нам рассказывал о квартирных

  _____ .

22. Где ты _____ эти цветы?

23. Мы были там, когда всё это _____ .

24. Это редко _____ , но всё-таки_____ .

25. По радио передавали, что _____ банк, где

  работает их отец.

26. По _____ это очень интересный фильм.

N.   Переведите следующую статью на английский язык.

Воры задержаны

Милицейский автопатруль, проезжавший в пятом часу утра по Большому Савинскому переулку, обратил внимание на двух прохожих, которые несли большой рулон ткани. Откуда в такое время подобная ноша?

Заинтересовавшись этим, сотрудники милиции выяснили, что двое рабочих шелкового комбината имени Свердлова унесли из цеха готовой продукции рулон плащевой ткани. Стоимость его, кстати, немалая — почти 3 тысячи рублей.

Как же удалось совершить кражу, где была охрана? Видимо, с этим на предприятии не все благополучно.

«ВМ»

_____
_____
_____
_____
_____
_____
_____
_____
_____
_____
_____
_____
_____
_____
_____
_____
_____
_____
_____

O. Гуляя в центре города, вы замечаете, как два полицейских надевают наручники на мужчину средних лет. Расскажите, почему задержали этого мужчину и как вели себя при аресте полицейские и задержанный.

P. Прочитайте следующий отрывок и перескажите содержание своими словами.

Служба 002

По Стрелецкой улице шли утром участковые инспектора 157-го отделения милиции Черных и Шиякин. Их внимание привлекли двое неизвестных, нагруженные сумками и вещами.

Оказалось, что электромонтажник управления «Мосспортремстрой» Г. и грузчик одного из магазинов Ленинского района П. только что обворовали квартиру на 9-м этаже дома по Старомарьинскому шоссе. Проникли они по пожарной лестнице через незакрытую дверь балкона.

Квартирные кражи в эти летние дни нередки. И, к сожалению, не всегда их удаётся быстро раскрыть ...

«ВМ»

Q. **Vocabulary Review**

Глаголы:

воровáть\своровáть + что?
    \обворовáть + кого-что?
выясня́ться\вы́ясниться
выдéрживать\вы́держать + что?
держáть\подержáть + что?
держáться + за что?
грáбить\огрáбить + кого-что?
задéрживать\задержáть + кого-что?
задéрживаться\задержáться + где?
загружáть\загрузи́ть + что?
замечáть\замéтить + кого-что?
интересовáться\за- + кем-чем?
красть\укрáсть + что у кого?
нести службу
окáзываться\оказáться + каким?
окáзывать\оказáть + что? кому?
погружáться\погрузи́ться + во что?
поддéрживать\поддержáть + кого-что?
проникáть\прони́кнуть + куда?
протестовáть\за- + против кого-чего?
разгружáть\разгрузи́ть + что?
раскрывáть\раскры́ть + кого-что?
сдéрживать\сдержáть
сдéрживаться\сдержáться
смолкáть\смо́лкнуть
содержáть кого-что?
удавáться\удаться + кому сделать что?

Имена существительные:

балкóн
влия́ние
внимáние
вор
дежу́рная часть
держáва
ГАИ
грабёж
груз
грузовáя машина
грузови́к
гру́зчик
задéржка
инспéктор (n. pl. инспекторá)
колбасá
крáжа
легковáя маши́на

лéстница
    пожáрная лéстница
майóр
мили́ция
отделéние
поддéржка
пóмощь (ж.)
происхождéние
происшéствие
слу́чай
содержáние
содержи́мое
сожалéние
    к сожалéнию
торгóвый центр
управлéние
шоссé
электромонтáжник
я́щик

Имя числительное:

двóе

Имена прилагательные:

ближáйший
незакры́тый
нерéдкий
сдéржанный
сырокопчёный
тяжёлый

Наречие:

бу́рно

<u>ДОБАВОЧНОЕ</u>: 1. Прочитайте о следующих преступлениях.

2. Расскажите, о каких преступлениях вы знаете.

3. **Перескажите с точки зрения пострадавшей**:

I.

НА МИНУВШЕЙ НЕДЕЛЕ
ВСТРЕЧА В ГУВД

В отделение милиции обратилась жительница дома № 9 по улице Пельше. Она заявила, что кто-то подобрал ключ к ее квартире на 16-м этаже и в отсутствие хозяйки совершил кражу --унесены́ импортные магнитофоны и кассеты к ним.

В тот же день сотрудники милиции установили и задержали воров. Ими оказались два подростка—учащиеся школы № 84 ˙Похи́щенное изъято у них.   «ВМ»

Главное управление внутренних дел

1. Что было укра́дено?
2. Кто поймал воров?
3. Сколько им (ворам) было лет?

˙то, что украли

II.

НА МИНУВШЕЙ НЕДЕЛЕ
ВСТРЕЧА В ГУВД

Вечером, когда магазин «Радиотовары» на Гости́ничной улице закрывался и торговый зал был пуст, к кассиру Т. Жаровой подошел неизвестный и, угрожая ножом, потребовал ˙вы́ручку Кассир закричала, подбежали сотрудники магазина, быстро ˙при́был милицейский автопатруль. Грабителя задержали здесь же. Им оказался 18-летний житель Ирку́тска, находившийся в Москве проездом.

1. Ею оказалась.......
2. Ими оказались.....
3. Она оказалась.....
4. Мы были .... проездом.

˙деньги

˙приехал

Перескажите с точки зрения пострадавшей.

III

В помещение аптеки № 85 на улице Усиевича глубокой ночью, разбив окно, проник вор. Он ˙пытался унести медика-ме́нты. Его задержали милиционеры отдела вневе́домственной ˙охраны РУВД, прибывшие по сигналу охранной сигнализации.

За неделю общее количество заре-гистри́рованных в городе преступлений сократилось на 26 проце́нтов. На прежнем уровне остаются лишь ˙угоны ав-томашин.

«ВМ»

˙старался

˙protection

Районное управления внутренних дел

Перескажите с точки зрения милиционеров.

˙кражи

Сообщите: Где?
Когда?
Кто?
Что случилось?
Как решилось дело?
Что вы думаете об этом (деле)?

Перескажите с точки зрения пострадавших:

IV
СООБЩАЕТ
СЛУЖБА «02»

В отдел внутренних дел на Ленинградском вокзале обратились в три часа ночи два иногородних школьника, ожидавших поезда. Они заявили, что познакомились на вокзале с двумя неизвестными, которые пригласили их во двор соседнего с вокзалом дома. Здесь, угрожая расправой, мужчины избили ребят, отобрали имевшиеся у них деньги, сняли меховые шапки, куртки и скрылись.

•грозный •наказание

•жакеты, пиджаки, пальто

Уже через полчаса сотрудники милиции по приметам, сообщённым школьниками, задержали грабителей: жителя Загорского района Московской области В. Филипова и жителя Брянской области Л. Картавого. Похищенное у ребят изъято.

«ВМ»

Один неизвестный.	*Я познакомился с одним неизвестным.*
Двое неизвестных.	*Я познакомился с двумя неизвестными.*
Трое неизвестных.	*Я познакомился с ....*
Четверо неизвестных.	*Я познакомился с ....*
Пятеро неизвестных.	*Я познакомился с ....*
Шестеро неизвестных.	*Я познакомился с ....*
Семеро неизвестных.	*Я познакомился с ....*

Перескажите с точки зрения пострадавших:

НА МИНУВШЕЙ НЕДЕЛЕ
ВСТРЕЧА В ГУВД

Вечером 7 ноября двое неизвестных напали на проходившего по Нагатинской улице гражданина, Угрожая ножом, они нанесли ему побои, отобрали пальто, документы, деньги и пытались скрыться.

Потерпевший сумел дать знать о себе службе «02». Прибывший через короткое время милицейский наряд задержал на той же улице грабителей, находившихся в нетрезвом состоянии. Кстати, они нигде не работают.

«ВМ»

побили его

Ваш друг говорит, что в России нет преступности. Уверены ли вы, что ваш друг хорошо информирован, читает ли он русские газеты?

В каких больших городах вы побывали? Какие города вам больше нравятся, большие или маленькие? Менее ли опасно жить в маленьком городе? Почему?

Поспорьте с другом о жизни в большом городе. Вы думаете, что лучше жить в большом/маленьком городе. Докажите свою точку зрения.

A. Read the letter below and note the following points of information.

1. Who is writing the letter?
2. What organization does the writer represent?
3. Where is the organization located?
4. When was the first complaint written? To whom?
5. What kind of a reply was received?
6. What was especially irksome in the reply letter?
7. What is the main reason this letter is written?
8. Did the writer get a satisfactory answer to his letter?
9. What information is given in the last sentence about the author of the letter?

открытое письмо мэру Москвы
Возвратите магазин "Ветеран"

Уважаемый Юрий Михайлович!

Нас, инвалидов и ветеранов, в Даниловском районе Москвы более 15.000 человек.

Прежде в Даниловском универмаге был отдел, где мы могли приобрести одежду и обувь по низким ценам. Затем этот отдел ликвидировали и обещали открыть специализированный магазин для ветеранов.

Наконец мы дождались открытия этого магазина, но оказалось, что для ветеранов удешевленных товаров там нет.

Мы обратились к вам с письмом 5 июля 1993 года, в котором жаловались на несправедливость торговых органов. Через некоторое время мы получили письмо за подписью В.И. Малышкова, скорее не письмо, а отписку. В этой бумаге говорится, что магазин „Ветеран“ (сейчас он называется „Универмаг“) "обслуживает" 8.5 тысяч человек и что в нем даже созданы условия для отдыха (?!) ветеранов войны и инвалидов." Все это — явная ложь...

Примите во внимание то обстоятельство, что большинство из нас имеет пенсию, которой едва хватает на питание. Большинство из нас не могут купить ботинки, их стоимость выше нашей месячной пенсии. Для нас сейчас жизненно важен магазин недорогих товаров.

Мы просим Вас разобраться в этом сложном вопросе лично, а не поручать это дело равнодушным чиновникам. Мы надеемся на Вас и еще верим Вам.

Наше желание и требование — возвратить магазин хорошему хозяину, который обеспечит ветеранов товарами и продуктами по доступным ценам. У нас есть такие организации, как, например, фонд «Солидарность», который имеет в различных сёлах России и Украины свои закупочные организации и может сделать магазин "Ветеран" образцовым.

От имени и по поручению ветеранов войны и труда Даниловского района

Е.И. Максимов

P.S. Не дождался ответа председатель совета ветеранов Е.И. Максимов... Сколько им, нашим ветеранам, осталось — лет ли, дней?

B. Объясните по-русски:

1. инвали́д
2. ветера́н
3. отде́л
4. приобрести́
5. ликвиди́ровать
6. удешевлённые товары
7. обрати́ться
8. жа́ловаться
9. несправедли́вость
10. торго́вые о́рганы
11. отпи́ска
12. создать
13. я́вная ложь
14. поручи́ть

15. принять во внимание
16. пéнсия
17. стóимость
18. требóвание
19. достýпные цéны
20. селó
21. закýпочные организáции
22. равнодýшный чинóвник

C. Укажите видовую пару (если есть) и управление:

1. приобрести
2. ликвидировать
3. дожидаться
4. обратиться
5. жаловаться

6. обслуживать
7. создать
8. принять
9. хватать
10. разобраться

11. поручать
12. возвратить
13. обеспечить

D. Ask each other questions in Russian in order to elicit the information provided in the article.

E. СЛОВООБРАЗОВАНИЕ:

Find words in the text which contain the following roots. Learn the additional words with these roots and compose sentences with them

1. СЕЛ+ _____

селó — village   (*pl.* сёла, сёл)
    сельский — rural
    сельское хозяйство — agriculture
сельскохозяйственный — agricultural

    селúть\поселúть[1] + **кого?** + **где?** — to put, settle
    селúться\поселúться + **где?** — to settle
    переселя́ться\пересели́ться + **куда**? — to move

        население — population

2. РУК+ _____

поручéние — errand, mission (task)

пóручень (пóручни) — handrail
    держаться за поручни

ручáться\поручúться + **за кого-что?** —   to vouch for

выручáть\вы́ручить+ кого-что? — to aid, rescue
    вы́ручка — rescue, assistance, gain, receipts, earnings

---
[1]Stress may also be shifting: селю́, сéлишь, сéлят.

3. ТОРГ + _____

торго́вля — trade (business)

торгова́ть+ **чем?** — to deal (in)
    торгова́ться+**с кем?** — to bargain *(with)*

Внешто́рг— Office for Foreign Trade
Внешторгба́нк — Bank for Foreign Trade

F. Придумайте как можно больше разных ответов на каждый из поставленных вопросов:

1. Что можно **ликвидировать**?
2. Что можно **обещать**?
3. Чего можно **дождаться**?
4. К кому можно **обратиться** с письмом?
5. К кому можно **обратиться** за помощью? советом?
6. На что можно **жаловаться**? На кого?
7. Кого можно **обслуживать**?
8. Что можно **создать**?
9. Что можно **принять** во внимание?
10. Что можно **приобрести**?
11. Где можно **приобрести** продукты/продовольственные товары?
12. В чем вы хорошо **разбираетесь**?
13. Чем можно **торговать**?
14. Что можно **поручить** кому-нибудь?
15. Куда можно **переселиться**?
16. Где можно **поселиться**?

G. Fill in the blanks with the correct form of the appropriate word. Choose the word from those given before each group of sentences.

> торговать, торговля, ручаться, переселяться,
> население, поручение

1. Она хороший человек. Я за неё _____.

2. На твоём месте я бы отказался от такого_____.

3. Его дедушка _____овощами.

4. Мы сейчас _____ в другую квартиру.

> поручение, торговля, поручить, выручить, поручни, торговый, сельский, поселить/ся

5. На ВДНХ я много узнал о _____ хозяйстве.

6. Когда вы спускаетесь по эскалатору, нужно держаться за _____.

7. Кто меня _____ из этого положения?

8. Меня _____ в очень хорошем номере с видом на Красную площадь.

9. _____ наркотиками карается законом.

H. Закончите предложения. Придумайте возможные варианты:

1. Наши родственники поселились ....

   а)_____

   б)_____

   в)_____

   г)_____

   д)_____

2. Его дедушка торговал..........

   а)_____

   б)_____

   в)_____

   г)_____

3. Она всегда жалуется..........

   а)_____

   б)_____

   в)_____

   г)_____

I. Опишите такие промтоварные магазины как "Sears," "Woolworth's," "K-Mart." Что там можно купить? Чем они отличаются друг от друга? Что такое "catalog store"? Объясните.

J. Что такое "shop-by-mail". Объясните. Что можно купить таким образом?

K. Что такое "TV-shopping". Объясните.

L. Read the article below. Note the following information:

      1. Где строят пансионат? Для кого?

      2. Кто финансирует строительство пансионата?

      3. Где начал свое дело спонсор?

      4. Где он живет сейчас?

      5. Какое заключение делает автор статьи?

Спонсор приходит к инвалидам

Мы привыкли к тому, что бизнесмены занимаются спонсорством там, где можно делать хорошую рекламу, — в спорте, искусстве, на телевидении. Но пансионат для инвалидов?

Именно такой пансионат, для слепых и глухих, строит в Красной Пахре Николай Алексеевич Зозуля, президент фирмы "КС Инвест Трейдинг." Выходец из казаков, он начал заниматься бизнесом, организовал свое дело в Баку. Но в один день все рухнуло, и Николаю Алексеевичу пришлось покинуть город в числе многих беженцев. Теперь он делает деньги в Москве и... жертвует их на строительство пансионата для самых беспомощных стариков.

Благотворительность Зозули даст для нашего будущего гораздо больше, чем бесконечные призывы, программы и обещания.

А большинство из нас по-прежнему не замечает стариков и их проблем. Некогда нам. А у тех уже и сил не хватает, чтобы постоять за себя.

Сергей Леонов

«ВМ»

M. Напишите открытое письмо о проблемах, которые вас волнуют:

      а. мэру города,

      б. декану факультета,

      в. заведущему кафедрой,

      г. в редакцию студенческой газеты.

В этом письме вы жалуетесь, критикуете, возражаете, одобряете, выражаете согласие, благодарность.

N. <u>**Vocabulary Review:**</u>

<u>Глаголы:</u>

верить - кому? в кого?

возвраща́ть \возврати́ть - что? кому?

выруча́ть\вы́ручить+кого?

дожида́ться \дожда́ться

жа́ловаться\пожа́ловаться на кого? что?

замеча́ть\заме́тить что?

ликвиди́ровать

надея́ться \ по- на кого? что?

обеспе́чивать\обеспе́чить +кого? что? чем?

обеща́ть\пообеща́ть что? кому?

обраща́ться\обрати́ться

обслу́живать\обслужи́ть +кого, что?

ока́зывать\оказа́ть что?

остава́ться\оста́ться

переселя́ться\пересели́ться +куда?

покида́ть\ покину́ть +что?

поруча́ть\поручи́ть+кому\что?

привыка́ть\ привы́кнуть к кому? чему?

приобрета́ть\приобрести́ +что?

разбира́ться\разобра́ться -- в чём?

ру́шиться\ру́хнуть

руча́ться\поручи́ться +за кого-что?

сели́ть\посели́ть кого? + где?

сели́ться\посели́ться где?

создава́ть\ созда́ть - что?

стоя́ть\постоя́ть

торгова́ть +чем?

торгова́ться+ с кем?

хвата́ть \хвати́ть -- чего?

Имена существительные:

благотвори́тельность
большинство́
боти́нок, боти́нки
бу́дущее
ветера́н
Внешто́рг
внима́ние
война
вы́ручка
дере́вня
жела́ние
зада́ние
инвали́д, *(pl)* инвали́ды
ложь *(ж.)*
мэр
метр
населе́ние
несправедли́вость
обстоя́тельство
организа́ция
отде́л
о́тдых
откры́тие
отпи́ска
пита́ние
по́дпись
покупа́тель
помеще́ние
по́руч|е|нь *(м.)*
по́ручни
посёлок
председа́тель
прие́м
призы́в
пристро́йка
пробле́ма
продаве́ц
проду́кты
райо́н
раздева́лка

село́
се́льское хозя́йство
солида́рность
стари́к
сто́имость
строи́тельство
това́р
торго́вля
тре́бование
тре́ст
универма́г
усло́вие; я
фонд
хозя́ин
хозя́ева
цена́
чино́вник

Имена прилагательные:

беспо́мощный
ва́жен, а́, о, ны
досту́пный
заку́почная организа́ция
ме́сячная зарпла́та
недорого́й
образцо́вый
равноду́шный
се́льский
сельскохозя́йственный
сло́жный
специализи́рованный магази́н
торго́вый
уважа́емый
удешевлённый
я́вная ложь

Наречия:

жи́зненно /ва́жен/
зате́м
и́менно

ДОПОЛНИТЕЛЬНОЕ:

СЛОЖНЫЙ — *difficult, compound, complex, complicated, "messy"*

Дайте английские эквиваленты нижеприведённых словосочетаний и объясните по-русски их смысл. Постарайтесь составить предложения или «мини-диалоги» с этими словосочетаниями:

1. сложный человек
2. сложный вопрос
3. сложное слово
4. сложная работа
5. сложный роман
6. сложные отношения
7. сложное дело
8. сложная обстанова
9. сложное положение
10. сложный чертёж
11. сложные условия
12. сложный характер
13. сложный путь
14. сложная жизнь

15. сложное чувство

Укажите, где можно заменить прилагательное *сложный* прилагательными *трудный, тяжёлый, щекотливый* (*ticklish*):

1. Опишите Вашего друга. Как он/она ведёт себя. Почему Вы думаете, что..............
   у него/неё тяжелый характер?
   у него/неё трудный характер?
   он/она с характером?
   он/она сложный человек?

3. Придумайте просьбы, на которые можно ответить —*Это сложно.* Объясните, почему это сложно.

4. Придумайте вопросы, на которые можно ответить —*Это сложный вопрос.*
   Объясните, почему этот вопрос сложный.

Дайте английские эквиваленты (покажите или объясните, как это делается):

1. сложить одежду
2. сложить письмо
3. сложить чемодан
4. сложить газету
5. сложить нож
6. сложить но́ги
7. сложить руки
8. сложить го́лову
9. сложить песню
10. сложить оружие

11. сложить стихи

Задание: Прочитайте статью, составьте диаграмму расходов федерального бюджета РФ. Укажите, на что будет израсходована наименьшая сумма и наибольшая сумма.

ПОДГОТОВЛЕН ПРОЕКТ ФЕДЕРАЛЬНОГО БЮДЖЕТА РФ

Согласно проекту Министерства финансов РФ, в 1994 году доходы федерального бюджета составят 120,7 трлн. рублей, расходы 182,2 трлн. рублей, а дефицит федерального бюджета будет 61,5 трлн. рублей.

На поддержку народного хозяйства будет израсходовано 33,2 трлн. рублей, в том числе на сельское хозяйство — 5,26 трлн. рублей. Бюджетные ассигнования на культурно-социальные мероприятия составят 11,4 трлн. рублей; на здравоохранение — 3,3 трлн. рублей, на средства массовой информации — 698 млр. рублей .

На национальную оборону предполагается выделить 37,12 трлн. рублей, на обеспечение правоохранительной деятельности и на органы безопасности — 12 трлн. рублей.

В 1994 году на погашение государственного долга выделяется 19,15 трлн. рублей, из них 5,8 трлн. рублей — на погашение внешнего долга.

«Известия»

A. Знаете ли Вы следующие слова и выражения:

черепа́ха

сади́ться\сесть за руль

справля́ться\спра́виться + с к е м - ч е м ?

B. Ascertain the following information from the accident report below:

1. The name of the woman involved and her place of work.
2. Whether or not she had a car and a driver's license.
3. Where the accident took place and the direction she was driving in.
4. What the specific accident was.
5. The newspaper's advice to people who find themselves in similar situations.

Светофор «ВМ»
сообщает госавтоинспекция

Е. Черепа́хина, рабо́тающая нача́льником юриди́ческого отде́ла на опто́вом рыбном холоди́льнике, се́ла за руль ли́чного «Запоро́жца», не име́я води́тельских прав. Результа́т сказа́лся незамедли́тельно: сле́дуя по Волокола́мскому шоссе́ к кольцево́й автодоро́ге, Е. Черепа́хина не спра́вилась с управле́нием, нае́хала на ма́чту и получи́ла тра́вму.

Наш сове́т — как ни хоте́лось бы, купи́в маши́ну, сра́зу же сесть за руль, без основа́тельной уче́бной подгото́вки и без води́тельского удостовере́ния самостоя́тельно де́лать э́то нельзя́.

«Вечерняя Москва»

- a wholesale fish freezing plant
- быстро
- telephone pole

C. Ask each other questions in Russian which will elicit the above information.

D. Объясни́те по-ру́сски:

1. черепа́ха
2. нача́льник
3. руль
4. ли́чный
5. води́тельские права́
6. Запоро́жец
7. Волокола́мское шоссе́
8. кольцева́я доро́га
9. ма́чта
10. тра́вма
11. основа́тельно

E. Екатери́на Черепахина: Мы читали о ....
                                     Мы видели ....
                                     Мы знакомы с...
                                     Мы были у ....

F. Дайте примеры управления:

1. работать
2. сесть
3. следовать
4. наехать

NOTE: (Вам) следует + INF (pfv. or impfv.) = *one should*
               (Вам) не следует + INF (impfv. only) = *one shouldn't*

G. Give the basic root for each of the following words and also give related words:

1. удостоверение _____
2. начальник   _____
3. холодильник   _____
4. незамедлительно _____
5. кольцевой   _____
6. справиться   _____
7. управление   _____
8. основательный _____
9. учебный   _____
10. подготовка   _____
11. следовать   _____
12. самостоятельно _____
13. водительский   _____
14. отдел   _____
15. личный   _____

H. Составьте предложения. Дайте возможные варианты управления:

1. справиться / такая трудная задача
2. наехать / два пешехода   5. работать / новая книга
3. работать / уборщик   6. не иметь / право
4. работать / продавец   7. сесть / работа

I. Придумайте как можно больше разных ответов на каждый из поставленных вопросов

1. Кем можно **работать**?

2. За что можно **сесть**?

3. Что можно **иметь**?

4. На что можно **наехать**?

5. Какие бывают **удостоверения**?

6. Что можно **замедлить**?

7. С чем можно **справиться**?

8. С кем можно **справиться**?

9. О чём можно **справиться**?

J. СЛОВООБРАЗОВАНИЕ:

Find words in the text which contain the following roots. Learn the additional words and compose sentences with them.

ПРАВ+_____

правда — truth   неправда — untruth
     правди́вый   —   truthful, accurate, upright, (honest)
     правди́вость   —   truthfulness, uprightness

       правдоподо́бный   —   plausible, likely
       неправдоподо́бный

пра́во — law, right
       правосла́вный   —   orthodox
       правосла́вие   —   orthodoxy

пра́вый (ты пра́в / права́; не пра́в / не права́) — right; wrong
правота́   —   rightness (the fact that one is correct)
напра́во   —   to the right
спра́ва   —   from (on) the right
исправля́ть\испра́вить + **кого-что**? —   to fix, correct, rectify, amend
   исправля́ться\испра́виться   —   to improve, turn over a new leaf
    исправи́тельный   —   correctional
     «Горба́того моги́ла испра́вит».—A leopard doesn't change its spots.
       (lit.) "The grave will straighten out the hunchback."
           (said about an incorrigible person)
управля́ть + **чем**? —   to rule, govern
   управля́ющий   —   foreman
    управле́ние   —   government
    самоуправле́ние   —   self-government
     управдо́м   —   superintendent *(of apartment house)*

K. In the accident report below, determine the following information.

1. Why the accident happened.
2. The time and place of the accident.
3. The people involved and where they work.
4. The type of accident and what the people involved failed to do.
5. The main factor contributing to this accident.
6. The result of this accident.
7. The hopes of the author in regard to the people involved in the accident.

СВЕТОФОР «ВМ»
СООБЩАЕТ ГОСАВТОИНСПЕКЦИЯ:

Все еще нередки дорожно-транспортные происшествия по вине недисциплинированных пешеходов.

В первом часу ночи улицу Горького в неразрешённом для перехода месте перебегали работницы универмага «Московский» О. Вишнякова и Л. Капустина. Обе, как выяснилось позже, были в нетрезвом состоянии. Поэтому, видимо, они и не обратили внимания на отсутствие знака «Переход», на сильный поток машин. В результате подруги попали под «Жигули» и с травмами были доставлены в больницу. Надо полагать, в универмаге «Московский» дадут оценку недисциплинированному поведению на улице своих сотрудниц.   *«Вечерняя Москва»*

L. Ask each other questions in Russian which will elicit the above information.

M. Объясните по-русски:

1. в первом часу ночи
2. неразрешённое для перехода место
3. универмаг
4. нетрезвый
5. сильный поток машин
6. они были доставлены в больницу
7. полагать
8. недисциплинированное поведение
9. сотрудница

N. Расскройте скобки:

    1. Вы читали о *(Ольга Вишнякова и Лия Капустина)*.
    2. Что вы думаете о поведении *(Ольга Вишнякова и Лия Капустина)?*
    3. Вы знаете *(Ольга Вишнякова и Лия Капустина)?*
    4. Почему вы интересуетесь *(Ольга Вишнякова и Лия Капустина)?*
    5. Не бойтесь *(Ольга Вишнякова и Лия Капустина)!*

O. Give related verbs, their conjugations, and the cases they govern.

    1. происшествие_____
    2. переход   _____
    3. состояние   _____
    4. внимание   _____
    5. отсутствие _____
    6. оценка   _____
    7. поведение _____
    8. сотрудница_____

P. Give the basic roots for the following words:

    1. нередки_____
    2. выяснить _____
    3. позже   _____
    4. нетрезво _____
    5. видимо   _____
    6. поток   _____
    7. попали   _____
    8. полагать _____
    9. отсутствие_____
   10. пешеход _____
   11. переход _____
   12. вина   _____

Q. Дайте инфинитив и видовую пару (если есть):

    1. перебегали
    2. выяснилось
    3. обратили
    4. попали
    5. доставлены
    6. дадут

R.   Do the following exercise according to the model.   Note how *"shortly after"* is expressed in Russian.

MODEL: 12:05 -- 12:15 a.m. = *В первом часу́ но́чи.*

        4:05 — 4:15 a.m. =

        2:05 — 2:20 a.m. =

        1:05 — 1:15 a.m. =

        8:10 — 8:15 p.m. =

        7:00 — 7:10 p..m. =

S.   Substitute synonymous phrases for the participle or gerund constructions in the following sentences.

1. Следуя по Волоколамскому шоссе, Е. Черепахина не справилась с управлением и наехала на мачту.

2. Е. Черепахина, работающая начальником юридического отдела, села за руль личного «Запорожца», не имея водительских прав.

3. Наш совет — купив машину, нельзя сразу же садиться за руль.

4. Обе подруги были доставлены в больницу.

5. Это случилось по вине недисциплинированных пешеходов.

T.   Составьте предложения по образцу:

ОБРАЗЕЦ: —<u>По чьей вине</u> это случилось?

          (Иван Иванович) —*По вине Ивана Ивановича.*

          (он)   —*По его вине.*

1. Пётр Ильич

2. ты

3. она

4. Любовь Андреевна

5. я

6. мы

7. недисциплинированный пешеход

8. Елена Черепахина

9. нетрезвый водитель

10. Ольга Вишнякова и Лия Капустина

U. СЛОВООБРАЗОВАНИЕ:

Find words is the text which contain the following roots. Learn the additional words and compose sentences with them.

1. ЯСН+_____

ясный — clear

Всё ясно. — I see.
ясность — clarity   ясень *(м.)* — ash tree
ясновидец — clairvoyant

выяснять\выяснить + **что? (с кем)**? — to clarify, clear up
    выяснение — clarification

пояснять\пояснить + **что + кому**? to elucidate
            пояснение — elucidation
объяснение — explanation
  объяснять\объяснить + **что + кому**? — to explain
    объясняться на иностранном языке
    to make oneself understood in a foreign language

проясняться\проясниться — to clear up, become clear *(about*
                                          the weather)
проснять\прояснить + **что?** — to clear up

2. СТАВ+/ СТАН +_____

доставлять\доставить + **кого-что + куда**? — to deliver
    доставка+ **куда?** — delivery

доставать\достать + **что?** + $\begin{cases} \textbf{кому?} \\ \textbf{где?} \\ \textbf{откуда?} \end{cases}$ — to obtain, get
            + **до чего?** — to reach *(by touching)*

доставаться\достаться + **кому?** + **за что?** — to catch hell

недоставать\недостать + **кого-чего?** — to disappear, vanish
                              /deficiency, lack
    достаток / недостаток   — sufficiency / insufficiency
    достаточный / недостаточный — sufficient / insufficient

    достаточно / недостаточно

оставлять\оставить + **кого-что?** + **где?** (**кому?**) — to leave
        остаток remainder, remains   (behind)

оставаться\остаться + **где?** (**у кого? кому**?) — to stay
                              to remain (behind)

V. Придумайте как можно больше разных ответов на каждый из поставленных вопросов:

1. Что можно узнать в **справочном бюро**?
2. Что можно узнать в **справочнике**?
3. Если человек **поправился**, как он выглядит?
4. Что можно **оставить** дома?
5. Если человек **исправился**, как он ведёт себя?
6. Кто находится в **исправительном** доме?
7. Когда мы говорим «**поправляйся / поправляйтесь**»?
8. Когда мы говорим «Горбатого могила **исправит**»?
9. Что **доставляют** на́ дом?
10. Что можно **пояснить**?
11. Где можно **достать** книгу?
12. Откуда можно **достать** книгу?
13. Что значит «он **объясняется** на русском языке»?
14. Что может быть **ясным**?
15. Если вы живёте в **достатке**, как вы живёте?
16. Если чего-то **недостало**, что случилось?
17. Что такое «**ясновидец**»?
18. Когда мы говорим «**Всё ясно**»?
19. За что может **достаться** человеку?
20. Что может быть **правдободобным**?
21. Где растут **ясени**?

W. Fill in the blanks with words formed from the following roots:

ПРАВ+

1. Почему вы ему поверили? Он говорит _____ .
2. _____ эти ошибки!
3. Идите _____ !
4. Вы приняли _____ решение.
5. Его лишили всех _____ .

ЯСН+

6. Здесь растут берёзы, вя́зы, оси́ны и _____ .
7. Откуда я знаю, я не _____ .
8. Они вышли в коридор, чтобы _____ свои отношения.

9. Небо постепенно _____ .

10. Я хотел бы _____ этот вопрос.

СТАВ+ / СТАН+

11. Он _____ книги с полки и разложил их на столе.

12. Потолок такой низкий, что легко _____ до него рукой.

13. Когда мы идем в гости, мы _____ детей у бабушки.

14. Где вы _____ зонтик?

15. Если ее нет, _____ ей записку.

16. Почему ты ничего не делаешь? Тебе _____ от отца.

17. Вы можете _____ у нас ночевать.

X. Закончите предложения. Придумайте возможные варианты.

1. Вы не справитесь ....
    а)_____
    б)_____
    в)_____
    г)_____
    д)_____

2. Вы не имеете права ....
    а)_____
    б)_____
    в)_____
    г)_____
    д)_____

3. Где вы достали такие .... ? ! ?
    а)_____?
    б)_____?
    в)_____?
    д)_____?

Y. VOCABULARY REVIEW

Глаголы:

выясня́ться\вы́ясниться
дать оценку чему-то
доставля́ть\доста́вить кого-что? куда?
достава́ть\доста́ть + что?
достава́ться\доста́ться + кому?
замедля́ть\заме́длить + что?
име́ть + что?
исправля́ть\испра́вить + кого-что?
наезжа́ть\нае́хать + на кого-что?
объясня́ть\объясни́ть + что? кому?
обраща́ть\обрати́ть внима́ние на кого-что?

остава́ться\оста́ться + где?
оставля́ть\оста́вить + кого-что? где?
попада́ть\попа́сть + куда?
перебега́ть\перебежа́ть + что?
переправля́ть\перепра́вить + кого-что?
поясня́ть\поясни́ть + что?
проясня́ть/ся\проясни́ть/ся
сади́ться\сесть за руль
сле́довать + кому с/делать что?
справля́ться\справиться + с кем-чем?
управля́ть + чем?

Имена существительные:

берёза
больни́ца
вина́ (по чьей вине?)
води́тельские права́
выясне́ние
вяз
доста́вка
знак
моги́ла
нача́льник
не́бо
непра́вда
объясне́ние
оси́на
оста́ток
отде́л
отсу́тствие
оце́нка
перехо́д
пешехо́д
поведе́ние
пото́к
пра́вда
правди́вость
пра́во
правосла́вие
правота́
продаве́ц
происше́ствие
рабо́тница
результа́т
самоуправле́ние
состоя́ние

сотру́дник; сотрудница
сове́т
светофо́р
тра́вма
убо́рщик
удостовере́ние
универма́г
управдо́м
управля́ющий
управле́ние
черепа́ха
холоди́льник
шоссе́
я́сень (м.)
яснови́дец
я́сность

Имена прилагательные:

горба́тый
дисциплини́рованный \ не-
дорожно-транспортный
исправи́тельный
кольцево́й
ли́чный
не\правдободо́бный
не\разрешённый
не\ре́дкий
не\тре́звый
опто́вый
основа́тельный
правди́вый
правдоподо́бный \не-
правосла́вный
пра́вый
ры́бный
си́льный
юриди́ческий
я́сный

Наречия:

ви́димо
всё ещё
напра́во
незамедли́тельно
по́зже
самостоя́тельно
спра́ва

ДОБАВОЧНОЕ:

Прочитайте о Викторе Цое. Кем он был и чем он знаменит?

«Известия»

Виктор Цой погиб в автокатастрофе

МОСКВА, 16 августа. (Корр. ТАСС И. Васильков, Д. Копилов). Вчера, в первой половине дня, в автомобильной катастрофе погиб Виктор Цой. Об этом сообщил менеджер популярной рок-группы «Кино» Ю. Айзеншпис. Трагедия произошла, когда известный певец возвращался на автомобиле с рыбалки в районе Юрмалы, где проводил свой отпуск. Согласно утверждениям сотрудников Госавтоинспекции,

Цой заснул за рулем и врезался в автобус.

Кумир советской молодежи, известный в мире рок-исполнитель недавно участвовал в серии концертов в Москве, прошедших с большим успехом. Он собирался выпустить новый альбом, готовился к съемкам художественного фильма, в котором должен был исполнить главную роль. Осенью группе «Кино» предстояли гастрольные турне в Южной Корее и Японии...

Расскажите о следующей аварии с точки зрения: а) свидетеля
б) мастера по ремонту автомобилей

«Вечерняя Москва»

Светофор «ВМ»
сообщает
ГОСАВТОИНСПЕКЦИЯ:

25 июля прошлого года примерно в 23 часа 50 минут на пересечении Первомайской и 9-й Парковой улиц легковой машиной был сбит пешеход в возрасте 24 лет. Водитель с места скрылся.

Случившееся могли видеть водители трамваев или других видов транспорта, проезжавшие в то время по перекрёстку, жители близлежащих домов. Не исключено, что водитель, скрывшийся с места происшествия, к кому-то обращался с просьбой о ремонте своего автомобиля.

Очевидцев происшествия, а также занимавшихся ремонтом легкового автомобиля с повреждениями передней части, просим позвонить по телефонам: 258-74-94, 923-15-40 или сообщить в следственное управление ГУВД Мосгорисполкома по адресу: 103055, Москва, Новослободская улица, дом 145.

1. Прочитайте о следующих авариях.
2. Расскажите, о каких авариях вы знаете. Употребите словосочетания *(phrases)* «Я был (была) свидётелем (свидётельницей)», «Я видел (видела), как...............»

НА МИНУВШЕЙ НЕДЕЛЕ
ВСТРЕЧА В ГУВД

На Партизанской улице вечером 6 ноября произошло столкновение автомобиля «Жигули́» с такси «Волга». Обоих води́телей в тяжёлом состоянии доставили в 71-ю городску́ю больницу. Пассажир «Жигулёй», молодой человек, скончался на месте происшествия. Двое госпитализи́рованы.

За неделю на дорогах города произошло 161 дорожно-транспортное происшествие—больше, чем в прошлом году. 12 человек погибли, 180—получили *увечья.

«ВМ»

*Участи́лись дорожно-транспортные происшествия— всего их за недедю было 153. Утром 14 ноября́ на 109-м километре кольцевой автодороги водитель личного «Москвича» К. выехал на по́лосу встре́чного движения. Произошло столкновение с автобусом «Икарус», принадлежа́щим автобазе «Турист» в Ленинграде. В результате столкновения К. в тяжёлом состоянии отправили в больницу, а его жена скончалась на месте.

«ВМ»

Ответьте:
1. Когда?
2. Где?
3. Что случилось?
4. Кто пострадал?
5. Какая статистика приводится в заметке?

*тра́вмы, серьёзные ра́ны

*часто

1. Кем был Ика́р?

СВЕТОФОР «ВМ»
СООБЩАЕТ ГОСАВТОИНСПЕКЦИЯ

Участились сообщения о наездах машин на стоящие впереди автомобили. В один и тот же день подобные аварии совершили О. Петрухин на «Жигулях» М 78-06 МЖ (Варшавское шоссе, 14), Ю. Данилов, водитель такси 6-го парка (Дмитровское шоссе, 61) М. Рымаренко на «Жигулях» Г 61-81 ММ (перекрёсток проспекта Маршала Жукова и 3-й Хорошевской улицы). Двое из этих водителей признались, что были невнимательны при управлении автомобилем. Что касается еще одного виновника происшествия, то он не соблюдал нужную дистанцию между своей и впереди идущей машиной.

Надо помнить, что с наступлением весны возрастает темп движения транспорта. А потому от любого, кто садится за руль, требуется строгое соблюдение безопасного скоростного режима, аккуратность при выборе дистанции и маневрировании, повышенная внимательность к окружающим.

«ВМ»

Ответьте:
1. Сколько случилось аварий?
2. Из-за чего они случились?
3. Что нужно делать, чтобы не было таких аварий?

Расскажите об аварии, которую вы видели. Используйте следующие слова и словосочетания:

А.
1. произойти + столкновение двух (трёх, четырёх) машин
2. оба водителя
3. одного пассажира выбросило из машины
4. все двое (трое, четверо) + доставить (отправить) в больницу
5. скончаться на месте происшествия

Б.
1. по вине водителя (по вине водителей)
2. не справиться с управлением
3. оказаться
4. признаться
5. быть невнимательным
6. не соблюдать нужную дистанцию между собой и впереди идущей машиной

ПОВТОРЕНИЕ

Дайте английские эквиваленты нижеприведённых словосочетаний и объясните по-русски их смысл. Постарайтесь составить предложения или «мини-диалоги» с этими словосочетаниями:

1. води́тельские права́
2. а́вторское пра́во
3. гражданские права́
4. гражданское право
5. права́ человека
6. уголо́вное право
7. крепостно́е право
8. пользоваться правом (жить на улице)
9. гаранти́рованное право
10. лишиться (води́тельских) прав
11. полное право
12. завоёвывать право

1. автомати́ческое управление
2. ручно́е управление
3. глаго́льное управление
4. управление автомоби́лем
5. управление самолётом
6. управление глаго́ла
7. управление госуда́рством
8. управление го́родом
9. дистанцио́нное управление
10. управление на расстоянии
11. Под чьим управлением....?

1. попасть в цель
2. попасть за границу
3. попасть в голову
4. попасть на концерт
5. попасть в смешную историю
6. попасть под дождь
7. попасть под автобус/трамвай
8. попасть в милицию
9. попасть в надёжные руки
10. попасть в плен
11. Куда попало.
12. Где попало.
13. Как попало.
14. Ему попало (от отца/от учителя).
15. Тебе попадёт.
16. Зуб на́ зуб не попада́ет.
17. Как попасть в центр / на Красную площадь?

1. испра́вить недоста́тки
2. испра́вить ошибки
3. испра́вить положение
4. испра́вить диктант
5. испра́вить погре́шности
6. испра́вить характер
7. испра́вить произношение
8. испра́вить поведение
9. испра́вить неполадки
10. испра́вить статью / сочинение

1. суро́вая правда
2. су́щая правда
3. сказать всю правду
4. смотреть правде в глаза / в лицо

A. Знаете ли вы следующие слова:

1. благоустро́енный
2. греть
3. купать + кого?
4. ржавый; ржаве́ть; ржа́вчина
5. водозабо́р
6. посему́

B. Read the letter from «Комсомольская Правда» and note the following points of information.

1. When did the Olisenko family move into their new apartment?
2. How many rooms does the apartment consist of?
3. What is the family's complaint?
4. What do the members of the family do on non-working days?
5. How have they been trying to rectify the situation they complain about?
6. What have local authorities done to rectify the situation?

C. Ask each other questions in Russian in order to elicit the above information.

D. Give English equivalents:

1. ...да и то не каждый день
2. к тому же
3. ...благо, такие изготовляются
4. ...и т. д., и т. п.

ПИСЬМО
В НОМЕР

**Текут
из крана...
обещания**

Семь лет назад наша семья получила трёхко́мнатную благоустроенную квартиру на пятом этаже в доме № 11 по Московскому проспекту Фо́кинского района города Бря́нска. В течение этих семи́ лет у нас нет воды, ни холодной, ни горячей. Вода бывает лишь по ноча́м, да и то не каждый день. В выходные и праздничные дни мы берем кани́стры и едем за водой к ближайшей колонке на троллейбусе (6 остановок), потом ее гре́ем, купаем детей, умываемся, готовим пищу и т.д., и т. п. В ванной над водопрово́дным краном у нас висит ручной умывальник. К тому же вода, которая появляется иногда в кранах, имеет ржавый отте́нок и болотный запах. Кру́жки, чашки, кастрюли, ра́ковины ржавеют от этой воды. Во́ду, кстати, приходится пропускать через бытовой фильтр «Родни́к», благо такие изготовляются. В течение семи лет мы звони́м, пишем, жалуемся, просим, умоляем разобраться, позвонить, наказать, потребовать с отве́тственных лиц. И нам уже семь лет, когда уверенным, когда сочувствующим голосом обещают позвонить, потребовать, разобраться, выяснить. Но...

За эти семь лет дважды меня́лся соста́в депутатов, менялись и начальники в горводоканале. Семь лет нам говорят, что вся проблема — в завершении строительства Бордовичского водозабо́ра. Он всё-таки был построен, но с нарушением технологии. И посему́ до сих пор не работает.

Семья ОЛИСЕНКО.
БРЯНСК
«КОМСОМОЛЬСКАЯ ПРАВДА»

E. Объясните по-русски:

1. благоустроенный   6. кружка
2. проспект   7. болото
3. сочувствовать   8. до сих пор
4. выходной день   9. дважды
5. канистра   10. колонка

       11. меняться

F. Дайте примеры управления:

1. появляться   4. наказать
2. жаловаться   5. требовать
3. разобраться   6. сочувствовать

7. Хотите поменяться _____ ?

8. Он всегда появляется_____ .

9. Не жалуйтесь мне _____ !

10. Ты разбираешься _____ ?

11. Почему вы требуете _____ ?

12. Накажи́те его _____ !

G. Дайте видовую пару (если есть) и проспрягайте:

1. бывать   6. разбираться
2. греть   7. обещать
3. купать   8. сочувствовать
4. появляться   9. меняться
5. умолять

H. Составьте предложения по образцу:

ОБРАЗЕЦ: Они там живут уже 2 года.

В течение этих двух лет у них нет воды, ни холодной, ни горячей.

1. Они там живут уже 5 лет.
   Они там живут уже 4 года.
   (7 лет 3, года, 6 лет, 2 года, 1 год)

2. Substitute *неделя* for *год*.
3. Substitute *месяц*.
4. Substitute *день*.

I. Обратите внимание на следующие глаголы:

ГРЕТЬ + **ЧТО**?	ГОРЕТЬ\СГОРЕТЬ(*intrans.*)	ЖЕЧЬ\СЖЕЧЬ + **ЧТО**?
ГР-ЕЙ+	ГОР-Е+	ЖГ+
гре́ю	горю́	жгу́
гре́ешь	гори́шь	жжёшь
гре́ют	горя́т	жгут

СЛОВООБРАЗОВАНИЕ

гре́лка	загора́ть\загоре́ть	зажига́ть\заже́чь + **ЧТО**?
	зага́р	зажига́лка
подогрева́ть\		поджигать\поджечь + **ЧТО**?
подогре́ть + **ЧТО**?		поджига́тель (войны́)
	обгора́ть\обгореть	обжечься + **чем**?
		ожо́г **на чём**?
греться	перегора́ть\перегоре́ть	
	горя́чий	
	горя́чка	

> Pay particular attention to the conjugation of **жечь**. Note that after prefixes which end in a consonant, the vowel **o** is inserted when the consonant (**Ж** or **Г**) follows the initial **Ж**.
>
> | сжечь | сожгу́, сожжёшь сожгу́т... | сжёг, сожгла́, сожгли́ |
> |---|---|---|
> | поджечь | подожгу, подожжёшь... | поджёг, подожгла́ |
> | обжечься | обожгу́сь, обожжёшься.... | обжёгся, обожгла́сь |

J. СЛОВООБРАЗОВАНИЕ

Find words in the text which contain the following roots. Learn the additional words with these roots and compose sentences or dialogues with them.

1. СТРОЙ_____

   выходи́ть\вы́йти из стро́я — to break, go out of commission

   стро́йка — building-site, construction
       работать на стро́йке

   постро́йка — a building / the building (of something)

   стро́ить\постро́ить + что?

   > строе́ние — building, structure (of something)
   > строи́тель — builder, construction engineer
   > строи́тельство — building *(the general action)*

настрáивать\настрóить + **кого-что?** — to tune *(up)* / dispose

настроéние — disposition, mood
настрóйщик — tuner *(a person who tunes musical instruments)*

расстрáивать\расстрóить + **кого-что?** — to upset
расстрáиваться\расстрóиться + **из-за кого-чего?** — to get upset

расстрóйство — disorder, confusion, derangement

расстрóйство желудка — diarrhea

устрáивать\устрóить + $\begin{cases} \textbf{кого-что?} \text{ —to set up/fix up; arrange} \\ \textbf{кого-что? + где?} \\ \textbf{кого-что?+куда?} \end{cases}$

Это меня не устрáивает. — That doesn't suit me.

устрáиваться\устрóиться + **где? и куда?** — to get settled

2. МЕН+ _____

изменя́ть\изменúть+**кого-что?** — to change, to make different; to alterate
изменя́ться\изменúться — to change, become different
изменéние — change
измéнчивый — changeable, fickle

изменя́ть\изменúть + **кому-чему?** — to deceive, be unfaithful *(to)*

измéна   измена родине — treason
измéнник   изменник родины — traitor

меня́ть\переменúть + **кого-что? +** (**на кого-что?**)
меня́ться\переменúться — to change, become different
перемéна — change

заменя́ть\заменúть + **кого-что? +** (**кем-чем?**) — to substitute, replace
замена — substitution, replacement
сменя́ть\сменúть + **кого-что?** — to replace *(with something similar)*,
— to relieve *(someone)*

смéна — shift

меня́ть\поменя́ть + **кого-что? +** (**на кого-что?**) — to change
меня́ться\поменя́ться **чем?** — to exchange, trade

NOTE the following verbs. They all contain the root **МЕН+**, but the aspect with —**меня́ть** is **perfective.**

обмéнивать\обменя́ть + **что?** — to exchage
обмéниваться\обменя́ться + **кем-чем?** — to exchange, trade
обмéн + **чем и чего?** — exchange (of something)

размéнивать\разменя́ть + **что?** — to change *(large money for smaller money)*
разменя́ть чек — to cash a check

---

3. ТОК + / ТЁК + _____

поток — flow, stream, flood (поток машин — flow of traffic)

ток — current *(electric)*　　　　источник — source, spring

протекать\протечь — to leak *(let liquid pass through)*
утекать\утечь — to flow away, to leak, to escape
　　утечка — leak, leakage

течение (реки) — current *(of a river);* current *(abstract)*

плыть.....⎰по течению — to swim (sail) downstream
　　　　　⎱против течения — to swim (sail) upstream

текущий — current *(adj.)*
　текущий год — the current year

> **NOTE:** 1. *в течение* and *во время* mean *during.*
>
> *в течение* is used with nouns that denote time.
>
> *во время* is used with other nouns (nouns denoting an event, occasion, *etc.*
>
> 　　*в течение* целого месяца
> 　　*во время* концерта/похода/войны
>
> 2. **течь** *(to flow)* is conjugated in the third person *sg.* and *pl.* forms only. The perfective verb **потечь** indicates the inception of the action:
>
> 　　У него потекли слёзы.
> 　　*He began to weep.*

К.　Ответьте на следующие вопросы:

1. Какая разница между будним днем и **выходным**?

2. Где можно **устроиться**? Куда можно **устроиться**?

3. На что можно **жаловаться**?

4. Что можно **зажечь**? Что можно **поджечь**?

5. Где можно **загорать**?

6. Что можно найти в **болоте**?

7. Что делает **настройщик**?

8. Где обычно **купают** детей?

9. В каком можно быть **настроении**?

10. Что можно **обменять**? Чем можно **обменяться**?

11. Что можно **разменять**?

12. Что может **гореть**? Что обычно **горит**?

13. Что обычно **течёт**?

14. В чём можно **разобраться**?

15. Где можно **появляться**?

16. Кого можно **купать**?

17. Кого можно **заменить**?

18. Что может **перегореть**?

19. Что можно **подогреть**?

20. Куда можно **жаловаться**?

21. Что может быть **благоустроенным**?

22. Куда можно **звонить**? Откуда можно **звонить**?

23. Что может быть **изменчивым**?

24. Кому можно **сочувствовать**?

25. Что такое **«ответственное лицо»**?

26. Какими могут быть **изменения**?

27. За что можно **наказать** ребёнка?

28. Как вы понимаете пословицу «Обжёгшись на молоке, станешь дуть и нá воду»?

L. Fill in the blanks with the correct form of the appropriate word. Choose the word from those given before each group of sentences. Some words may be used more than once; some may not be used at all.

> благоустроенный, разбираться\разобраться
> сочувствующий, купать, появляться, разбирать\разобрать

1. Он хорошо _____ в политике.

2. Мы живем в новом _____ районе.

3. Они _____ на всех вечерах.

4. Мать _____ ребенка каждый день.

5. Я очень прошу вас _____ в моем деле.

> греть, изменять\изменить, жечь\сжечь, зажигать\зажечь,
> гореть, изменчивый, разбирать, поджигать\поджечь

6. Почему _____ свет? На улице еще светло.

7. Погода здесь очень _____ .

8. Он стоял у печки и _____ руки.

9. Солнце меня не _____ .

10. Умоляю вас, _____ все эти письма!

11. Плохая водка _____ горло.

12. Почему у него такой _____

характер?

13. Можно _____ эту лампу? Пожалуйста,

_____ .

14. Никто не знал, что он _____ жене.

15. Кто-то _____ их дом.

16. В последнюю минуту _____ наш маршрут.

17. Она _____ все мосты за собой.

18. Я не _____ , что там написано.

19. Она _____ свою точку зрения.

течь, в течение, течение, во время, источник, менять/ся,
загорать\загореть, поджигатель, настройщик, появиться

---

20. Не плавайте в этом месте. Здесь очень быстрое

_____ .

21. Кто сказал: «Любите книгу — _____ знания»?

22. Американцев считают _____ ядерной войны.

23. В каком направлении _____ эти рёки?

24. Откуда _____ столько студентов?

25. _____ его выступления все дремали.

26. Он _____ совсем неожиданно.

27. _____ первого месяца он не выходил из дома.

28. Где вы так хорошо _____ ?

29. Они начали _____ марками.

30. Он сидит на солнце каждый день и _____ .

31. Из раны _____ кровь.

32. Где здесь можно _____ деньги?

33. Всё _____ к лучшему.

Use words or expressions related to the root СТРОЙ+:

34. Я могу прийти после обеда. Это вас _____ ?

35. Эти сложные аппараты часто _____ .

36. Когда я услышал эту неприятную новость, я сильно

_____ .

37. Купи какое-нибудь лекарство от _____ .

38. Как ему удалось _____ на такую работу?

39. Почему ты сегодня в таком плохом _____ ?

40. Не _____ меня!

41. Летом мы едем _____ .

42. В последнюю минуту все наши планы _____ .

М. Дайте английские эквиваленты. Постарайтесь использовать эти
     словосочетания в речи (в диалогах или в предложениях):

1. быстрое течение
2. воздушное течение
3. литературное течение
4. морское течение
5. подводное течение

6. новое течение
7. идти против течения
8. течение болезни
9. течение реки
10. новое течение в литературе

Vocabulary Review

Глаголы:

выясня́ть\вы́яснить+что?
горе́ть\сгоре́ть
греть + кого-что?
гре́ться
жа́ловаться\по-+на кого-что? куда?
                                          кому?
загора́ть\загоре́ть (+где?)
зажига́ть\заже́чь + что?
заменя́ть\замени́ть + кого-что?
звони́ть\позвони́ть + кому? куда?
изготовля́ться
купа́ть\вы́купать + кого?
меня́ться\поменя́ться + чем? с кем?
меня́ть\поменя́ть + кого-что?
нака́зывать\наказа́ть + кого за что?
настра́ивать\настро́ить + кого-что?
обеща́ть\(пообеща́ть) + что+кому?
обжига́ться\обже́чься + чем? на чём?
обме́ниваться\обменя́ться + чем?
обме́нивать\обменя́ть что?
перегора́ть\перегоре́ть
появля́ться\появи́ться + где?
поджига́ть\подже́чь + что?
протека́ть\проте́чь
расстра́ивать\расстро́ить + кого-что?

разбира́ться\разобра́ться в чём?
разбира́ть\разобра́ть + что?
разме́нивать\разменя́ть + что?
ржаве́ть (+от чего?)
сменя́ть\смени́ть + кого-что?
сочу́вствовать + кому?
стро́ить\постро́ить + что?
течь\поте́чь
тре́бовать\по- + чего и что?
умоля́ть + кого?
умыва́ться\умы́ться
устра́иваться\устро́иться + где и куда?
устра́ивать\устро́ить + кого-что?

Имена существительные:

бла́го
боло́то
бу́дни
водопрово́д
водозабо́р
выходно́й день
го́лос (*pl.* голоса́)
депута́т
желу́док
заверше́ние
зага́р
заме́на
за́пах
изме́на
измене́ние
изме́нник
исто́чник
кани́стра
кастрюля
коло́нка
кран
кру́жка
лицо́
наруше́ние
настрое́ние
настро́йщик
нача́льник
ожо́г
отте́нок
переме́на
пи́ща
пото́к
проспе́кт

ра́ковина
расстро́йство
ржа́вчина
родни́к
сме́на
соста́в
строи́тель
строи́тельство
стро́йка
ток
умыва́льник
уте́чка
ча́шка

Имена прилагательные:

благоустро́енный
ближа́йший
боло́тный
бу́дний
бытово́й
водопрово́дный
изме́нчивый
отве́тственный
ржа́вый
сочу́вствующий
теку́щий
уве́ренный

Наречия:

всё-таки
до сих пор
два́жды

N. 1. Напишите, довольны ли своей квартирой (комнатой в общежитии). Если да, то почему, и если нет, то почему.

2. Опишите самую неудачную, плохую квартиру (комнату), в которой вы жили.

ДОПОЛНИТЕЛЬНОЕ:

А. Прочитайте следующую статью и расскажите о ней своими словами.

Б. Ответьте на следующие вопросы:
1. Кто пишет это письмо в редакцию? Кто этот человек по специальности?
2. Кто такие «во́ры-несуны́»?
3. Каков был на протяжении многих лет бюджет семьи автора?
4. Как автор описывает свою жизнь?
5. Что радует автора в жизни современной России?
6. Что вызывает особенное волнение у автора письма?

КПСС| ВЗДРАГИВАЮ, ВСПОМИНАЯ

За годы коммунизма была воспитана целая плеяда воров-несунов, от самых верхних до самых низших слоёв общества. Это «большое достижение» КПСС и всей номенклатуры.

А как жила основная масса честных, работающих людей? Забыли?

Я 45 лет учительствовала, муж с 14 лет работал на заводе токарем, затем инженером. Моя зарплата - 75 руб., его - 120 руб., на троих - 195 руб. Но если вычесть, что тратилось на оплату квартиры, телефона, на дорогу, на лекарства, мыло, стиральные порошки, и т.д., то оставалось на питание максимум 150 руб., по 5 рублей в день на троих.

За 45 лет работы я не получила ни одной профсоюзной путёвки для отдыха. Санаториями и домами отдыха пользовались в основном коммунистическая и профсоюзная номенклатура и те, кто им служил.

Сейчас меня радует, что Россия просыпается и стремится к цивилизованной жизни: кто честно и много трудится, тот и достоин человеческой жизни. Меня радует, что появляются богатые люди из числа тех, кто трудится в поте лица. Радует изобилие продуктов в магазине. А сколько разнообразной одежды.

Я не всё могу купить, но выбор для меня есть.

Радует, что не давит коммунистическая идеология! Радует, что Россия возрождается духовно...

Меня волнует, что Президент не принял нужных указов о запрете КПСС навечно ни в августе 91-го, ни в октябре 93-го. А теперь мы пожинаем плоды его бездействия. Коммунисты - фашисты снова поднимают свои головы и снова готовы своими когтями вонзиться в наши жизни.

Е.ТРОФИМОВА
«Вечерняя Москва»

A. Подготовка к чтению.

Знаете ли вы следующие слова и выражения:

1. ко́нкурс
2. пра́чечная
3. гладить
4. гладильщица
5. подбодри́ть, бодрый

6. объединение
7. обстоятельство
8. сложиться
9. привычка
10. стесняться

11. требоваться

B. The letter below is from a young woman who became a laundress. Note the following points of information.

1. Why she could not study at an institute and what decisions she had to make about her future.
2. The name of the place where she works.
3. Why her work was difficult at first.
4. Her name and her position.

ПРОФЕССИЯ ПО ДУШЕ

После окончания школы поступала в институт, но не прошла по ко́нкурсу. И сразу передо мной встало множество проблем. А главная — где работать. Требуются, требуются... Сколько перечитала объявлений! И так уж сложились обстоятельства, что я пошла работать в объединение «Новость». В его составе шесть прачечных.

Первое время было очень тяжело из-за отсутствия привычки к такому труду́. Да и подружкам не говорила, что нашла себе место в прачечной, стеснялась. Но проработав несколько месяцев, многое поняла́ и переоценила в своей жизни.

Коллектив у нас — хороший, молодёжный. Все старались подбодри́ть, помочь. Конечно, не сразу всё получалось, но даже незначительные мои успехи всегда замечались бригадиром Любо́вью Кузьми́ничной Остряко́вой. Постепенно благодаря товарищам приобрела́ навыки, опыт, и сейчас могу с уверенностью сказать, что моя профессия мне нравится.

Е. ИПАТОВА,
гладильщица
«ВМ»

C. Объясните по-русски:

1. по душе
2. прачечная
3. объединение
4. конкурс
5. незначительный
6. бригадир
7. требоваться
8. многое
9. тяжело

10. навык
11. получаться
12. приобрести
13. молодёжный
14. стесняться
15. подруга
16. коллектив

D. Give English equivalents for the underlined sentences and phrases in the text. Explain the use of aspect in these passages.

E. Укажите видовую пару (если есть) и проспрягайте:

1. поступать
2. найти
3. переоценивать
4. встать
5. стараться
6. замечать
7. приобрести
8. подбодрить
9. помочь

F. Give short answers to the following questions. Use the name Любовь Кузьминична Острякова in your answers.

1. Кого благодарит Елена Ипатова?
2. О ком говорит Елена Ипатова?
3. Кем она довольна?

Use the name Елена Ипатова in your answers.

1. Чьё письмо вы прочитали?
2. О ком мы сейчас говорим?
3. Кого вы знаете?

G. Ask each other questions in Russian in order to elicit the information from the article.

H. Note: **МНОГОЕ** = a lot of things (much)
              МНОГИЕ = a lot of people (many)
              НЕМНОГИЕ = few people, few

Form sentences: 1. Few people / Many people + приходили на собрание.

2. Он говорил + about a lot of things

3. Мы знакомы + with a lot of people / with few people + здесь

I. Give plural forms:

ИМЯ_____ СЕМЯ_____

ВРЕМЯ_____ ПЛЕМЯ _____

ЗНАМЯ_____

Прочитайте вслух:

201 *знамя*, 202 _____ , 205_____

1001 *имя*, 1002_____, 1007_____

J. Ответьте на вопросы:

1. Что можно отнести в **прачечную**?
2. Где можно читать **объявления**?
3. Что можно **переоценить** в жизни?
4. К чему можно **привыкнуть**?
5. Какие бывают **привычки**?
6. Какими могут быть **успехи**?
7. Что можно **заметить**?
8. Что можно **приобрести**?
9. Каким может быть **коллектив**?
10. Куда можно **поступить**?
11. Что может быть **тяжёлым**?
12. Что можно **стирать** и **гладить**?

K. СЛОВООБРАЗОВАНИЕ:

Find words in the text which contain the following roots. Learn the additional words and compose sentences with them.

1. ВЫК/ВЫЧ+_____

      на́вык — skill   привы́чка — habit
      привы́чный — customary, habitual

привыка́ть/привы́кнуть+ 1. к кому, чему   = to get accustomed (to)
                    2. что делать

отвыка́ть/отвы́кнуть +   1.от чего   = to get out of habit
                    2. что делать

2. ГЛАД+ _____

гла́дить \ { вы́гладить + **что?** — to iron; press
{ погла́дить + **кого-что?** — to stroke; pet; smoothe out

гла́женый — ironed, pressed

глади́льный — ironing *(adj)*

глади́льная доска́ — ironing board

гладкий — smooth

гладь (f.) — *(smooth)* surface *(of water)*

3. ЯВ+ _____

явь *(ж.)* — reality

явный — obvious, explicit   наяву́ — in reality

явля́ться+ **кем-чем? каким?** — to be

явля́ться\яви́ться+ **куда?** — to show up, to come

явле́ние — phenomenon, occurrence

я́вка — appearance, attendance

нея́вка — failure to appear

появля́ться\появи́ться+ **где?** — to appear

появле́ние — appearance

предъявля́ть\предъяви́ть + **что? кому?** — to show, produce

проявля́ть\прояви́ть+ **что?** — to show, manifest, develop

объявля́ть\объяви́ть + **что? (о чём?)+ кому? (куда?)**

объявля́ть\объяви́ть войну + **кому?** — to declare war (on)

объявле́ние — advertisement, announcement

заявля́ть\заяви́ть+ **что? (о чём?)+ кому? (куда?)** — to announce

заявле́ние — application; announcement *(official)*

подавать\подать заявление + **куда?** — to apply, submit an application

---

Запомните: ЯВЛЯ́ТЬСЯ *(impfv. only)* = БЫТЬ

ЯВЛЯ́ТЬСЯ\ПОЯВИ́ТЬСЯ = ПРИХОДИ́ТЬ\ПРИЙТИ

ПОЯВЛЯ́ТЬСЯ\ПОЯВИ́ТЬСЯ = ПОКА́ЗЫВАТЬСЯ\ПОКАЗА́ТЬСЯ

L. Ответьте на вопросы:

1. Что можно **проявить**?
2. Что можно **гладить**? Кого можно **гладить**?
3. Где можно увидеть **объявления**?
4. Куда обычно **подают заявления**?
5. Куда можно **явиться**?
6. Где можно **появиться**?
7. Кем можно **являться**?
8. Что можно **объявить**?
9. От чего можно **отвыкнуть**?
10. К чему можно **привыкнуть**?

M. Fill in the blanks with the correct form of the appropriate word. Choose the word from those given before each group of sentences. Some words may be used more than once, some may not be used at all.

> гладить\погладить\выгладить; привыкнуть, явный, проявлять \ проявить; заявить, неглаженый

1. Я_____ так рано вставать.
2. Почему он всегда ходит в _____ рубашке?
3. Где здесь можно _____ фотоплёнку?
4. Не _____ собаку против шерсти.
5. Я не могу _____ к холодной зиме.
6. Она _____ ребёнка по голо́вке.
7. Он _____ дурак.
8. Если бы вы _____ побольше инициативы, всё было бы хорошо.
9. Начальник ему сказал, чтобы он _____ больше интереса к работе.
10. Вы должны _____ о краже в милицию.
11. Чем вы _____ бельё?

> объявлять\объявить; предъявлять\предъявить; явка, появляться\ появиться; появление; являться; являться\явиться; подать заявление

12. Почему он всегда _____ на работу так поздно?
13. Вы должны _____ к директору.
14. Заседание состоится в 20.00 часов. _____ всех обязательна.
15. Его неожиданное _____ удивило всех.
16. Они _____ здесь несколько раз.
17. Вы _____ о краже в милицию?
18. Почему мы вас так редко видим? _____почаще.

19. В каком году США _____войну фашистской Германии?

20. Я его ждал, но он не _____.

21. Милиционер попросил меня _____свои документы.

22. Когда вы мне приказываете _____?

23. Когда проходишь через контроль, нужно _____ пропуск.

24. Когда институт _____о приёме студентов?

25. Во сколько университетов ты _____?

N. ПОВТОРИТЕЛЬНЫЕ УПРАЖНЕНИЯ

a. Подберите антонимы:

1.	окончание	a. будущий
2.	перед	б. сразу
3.	многие	в. взять
4.	ненавидеть	г. неудача
5.	второстепенный	д. приятный
6.	последний	е. индивидуально
7.	тяжело	и. презрение
8.	коллективно	й. неважный
9.	значительный	к. первый
10.	постепенно	л. работа
11.	успех	м. любить
12.	отдых	н. легко
13.	уважение	о. за
14.	отдать	п. главный
15.	прошлый	р. начало
16.	противный	с. немногие

б. Дайте английские эквиваленты нижеприведённых словосочетаний и объясните по-русски их смысл. Постарайтесь составить предложения или «мини-диалоги» с этими словосочетаниями:

1.	тяжёлая болезнь	7.	тяжёлый путь
2.	тяжёлый человек	8.	тяжёлое положение
3.	Мне тяжело́.	9.	тяжёлое чувство
4.	тяжёлый как камень	10.	тяжёлый воздух
5.	тяжёлая промышленность	11.	тяжёлый день
6.	тяжёлая пища	12.	тяжёлое преступление

в. Прочитайте следующую статью:

ПОЧИСТЯТ И ОТУТЮЖАТ

Улица Подольская, 18. — это адрес новой фабрики химической чистки с прачечной самообслуживания

Жители Любинского района получили с ее открытием комплекс разнообразных услуг: чистка и стирка мужских сорочек за 24 часа, антистатическая обработка одежды. Здесь же, в присутствии заказчика одежду отутюжат, выведут пятно, сделают мелкий ремонт одежды.

Фабрика оборудована современными чистящими и стирающими машинами, для рабочих созданы хорошие условия труда и отдыха.

Сегодня фабрика выполнила первые заказы москвичей.

«ВМ»

ДОПОЛНИТЕЛЬНОЕ:

глáдить\поглáдить

утю́жить\отутю́жить

(гладúльная) доскá
утю́г (два утюгá)

стирáть\постирáть
\вы́стирать (бельё)

стúрка
стирáльная машúна
склáдывать\сложúть (бельё)

сушúть\вы́сушить (бельё)

сóх-нуть\вы́сох-нуть (бельё сóхнет \ вы́сохло)

чúстить \почúстить
химчúстка
чúстка

сдавáть\сдать   в чúстку
в стúрку
сдать бельё в прáчечную

брать \ взять+из+GEN

взять бельё из прáчечной

мужчина	*женщина*	
рубáшка	блýзка	шýба
брюки	юбка	дублёнка
носкú	чулкú	пальтó
	колгóтки	шинéль (ж.)
шáпка	шля́па	
	штаны́	
	костю́м	
	купáльный костю́м (купáльник, плáвки)	

воротни́к   га́лстук
рука́в (рукава́)   (ба́бочка)
манже́тка (манже́тки)
манже́та

                те́нниска   (Izod-type)
                ма́йка   (tank-top; undershirt without sleeves)
                ковбо́йка   (checkered western-type shirt)
                футбо́лка   (T-shirt; sweatshirt)
                кальсо́ны   (sweatpants; long underwear)

фуфа́йка   (нет кальсо́н)
св́итер
пуло́вер

> Что мы стираем? Что мы сдаем в чистку?
> Что мы сдаем в прачечную?
> Расскажите о том, как вы любите одеваться.

1. Расскажите другу, как американские студенты «ухаживают за своей одеждой». Часто ли вы стираете? Как вы это делаете? Пользуетесь ли вы стиральной машиной? Где она находится? Сколько платят американцы за чистку одежды?

2. Составьте диалог об одной знакомой.
    1. Кем она работает?
    2. Почему она работает, а не учится?
    3. Где она работает?
    4. Любит ли она свою работу? Почему?
    5. Тяжело ли было ей, когда она начала работать? Почему?
    6. Кто ей помогал приобрести нужные навыки, опыт?
    7. Довольна ли она своей судьбой? Почему?

3. Спросите друг друга:
    1. Кем вы хотели бы работать? Почему?
    2. Какая, по-вашему, самая интересная профессия? Почему?
    3. Какая, по-вашему, самая скучная профессия? Почему?
    4. Где (в каком городе / в какой стране) вы хотели бы работать?
    5. Кем работают ваши родители? Довольны ли они своей работой?

Vocabulary Review

Глаголы:

гла́дить\ погла́дить + кого-что?
заявля́ть\ заяви́ть + что? кому?
ненави́деть + кого? что?
объявля́ть\объяви́ть + что? кому?
отвыка́ть\отвы́кнуть от кого? чего?
отдава́ть\ отда́ть + что? кому?
переоце́нивать\переоцени́ть + что?
подава́ть\пода́ть заявле́ние+ куда?
подбодря́ть\подбодри́ть + кого?
получа́ться\получи́ться

появля́ться\появи́ться + где?
предъявля́ть\предъяви́ть что? кому?
привыка́ть\привы́кнуть к кому? чему?
проявля́ть\ прояви́ть + что?
скла́дываться\сложи́ться
стесня́ться/постесня́ться кого? чего? +инф.
тре́бовать/по -... кого? что?/кого? чем? + инф.
тре́боваться/по - (безл)
утю́жить\от-...+ что?
явля́ться + кем-чем?
явля́ться\яви́ться + куда?

Имена существительные:

белье́
бригади́р
вре́мя
глади́льщица
гладь
и́мя
коллекти́в
ко́нкурс
мно́жество
на́вык
неуда́ча
обстоя́тельство
обстоя́тельства
объедине́ние
объявле́ние
о́пыт
пи́ща
пле́мя
положе́ние
почёт
появле́ние
пра́чечная
предприя́тие
презре́ние
преступле́ние
путь (masc.)
пятно́

се́мя
скла́дка
соро́чка
соста́в
труд
уваже́ние
усло́вие
я́вка
явле́ние
явь (ж.)

Имена прилагательные:

бо́дрый
гладильный
гладкий
гла́женый /негла́женый
нева́жный
о́бщий
привычка
привы́чный
проти́вный
про́шлый
трудово́й
я́вный

Наречия:

наяву́
постепе́нно
прия́тно

Предлог:

благодаря́+чему-кому?

ДОПОЛНИТЕЛЬНОЕ:

Школа у причала

В Москве сегодня более ста негосударственных учебных заведений. Американский институт передового обучения имеет отделения в ста пятидесяти странах. Но такого ещё не было. Этот новый колледж открылся на ... теплоходе, стоящем у причала Северного речного порта.

Этот новый московский колледж российско-американский, частный. А раз частный — надо платить. Вот американцы и платят — нашим студентам и учителям. Студенты получают десять тысяч рублей в месяц. Живут они здесь же, на корабле, на полном пансионе.

Аренда корабля — забота американской стороны. Российский вклад несколько скромнее: он заключается в разрешении обучать, кормить и поддерживать материально московских учащихся.

Президент Американского института передового обучения Билл Готард, открывая свой плавучий колледж, был откровенно счастлив. «Мы вступаем в новую эру, —сказал он. — И сделаем все, чтобы принести пользу русскому народу. Но как бы мы ни старались, мы все равно получаем пользу гораздо бо́льшую.»

Билл Готард, похожий на великого Гудвина из Изумрудного города[1], вхож к президентам, королям и нефтяным магнатам. За последние двадцать пять лет по его программе обучались 2,5 миллиона человек в 150 странах. У выпускников нет проблем с работой — их охотно берут самые разные компании и фирмы. Институт воспитывает добропорядочных, высоконравственных, законопослушных граждан, лишенных вредных привычек.

Российские студенты Билла Готарда изучают все предметы школьной программы. Плюс основные библейские принципы, разные спецкурсы, языки, предметы по избранному профилю — юридическому, экономическому или медицинкому.

Интернациональная команда учителей состоит из лучших специалистов. Чего стоит, например, лингвист Энтони Бо́рис, говорящий на 28 языках.

День учащихся заполнен до отказа: уроки, лекции, спецподготовка, музыкальные занятия и т.д. И так будет продолжаться три года. А для желающих поучиться еще — столько, сколько они захотят.

Сейчас на борту колледжа — 50 российских и 116 американских студентов. Многие из американцев имеют дополнительную нагрузку: преподают в московских языковых спецшколах. Работают они бесплатно.

Ольга Соловьёва
«ВМ»

прича́л - pier
аре́нда - lease
вклад - input
заключа́ться   - consist of
нефть - oil; нефтяно́й (adj.)   oil
воспи́тывать/воспита́ть - bring up, educate
добропоря́дочный - decent, honest
высоконра́вственный - moral
вре́дный - (зд. bad)
заполня́ть/запо́лнить <u>до отка́за</u> - to fill to capacity
нагру́зка - (зд.) assignment

Письменное задание:

Представьте себе, что вы президент колледжа, о котором вы только что прочитали. Что бы вы изменили (добавили, убрали) в учебной программе? Объясните, почему вы это предлагаете.

---

[1]*Волше́бник изумрудного города* = *The Wizard of Oz* (изумру́д = emerald)

A. ПОДГОТОВКА К ЧТЕНИЮ:

1. Знаете ли вы следующие сокращения?

МИД (Министерство иностранных дел)

АЭС (Атомная электростанция)

2. Знаете ли вы следующие слова и выражения?

в связи с чем?
авария
заместитель

напоминать кому? { о чём? что? }

достоверный
обстановка
Совет министров
рассмотреть

правительство
правительственный
комиссия
последствие
население
председатель
подробно
отчёт

B. Read the description of a press conference about the nuclear accident at Chernóbyl'. Note the following points of information.

1. When and where the conference took place.
2. Who was present.
3. Who opened the conference.
4. A. G. Kovalev's words to reporters.
5. Who visited the site of the accident and what they did there.
6. Who else spoke to reporters and what he told them.
7. Who answered the reporters' questions.
8. Where one can read a full account of the press conference.

В ПРЕСС-ЦЕНТРЕ МИД СССР

Вчера в Москве в пресс-центре МИД СССР состоялась пресс-конференция для советских и иностранных журналистов в связи с аварией на Чернобыльской АЭС.

Пресс-конференцию открыл первый заместитель министра иностранных дел СССР А. Г. Ковалев. Он напомнил журналистам о том, что в советской прессе от имени Совета Министров СССР регулярно публикуются сообщения, содержащие достоверную информацию. Район Чернобыльской АЭС посетили на днях члены партии и правительства. Они ознакомились с обстановкой, рассмотрели меры, принимаемые для ликвидации последствий аварии и оказания помощи населению.

Затем перед журналистами выступил председатель правительственной комиссии, заместитель Председателя Совета Министров СССР Б. И. Щербина. Он подробно сообщил о том, что произошло в Чернобыле 26 апреля.

Ученые и специалисты ответили на вопросы журналистов.

Отчет о пресс-конференции опубликован в утренних газетах.

« ВМ »

C. Объясните по-русски:

1. АЭС
2. пресс-конференция
3. министр
4. первый заместитель министра иностранных дел
5. сообщение
6. напомнить
7. достоверно
8. на днях
9. посетить
10. рассмотреть
11. последствия
12. Совет министров
13. население
14. подробно

D. Дайте видовую пару (если есть) и проспрягайте:

1. принимать
2. рассмотреть
3. ознакомиться
4. публиковать
5. напомнить
6. содержать
7. посетить

E. Дайте примеры управления:

1. ознакомиться
2. напомнить
3. посетить
4. сообщить

F. Ask each other questions in Russian to elicit the information in the article.

G. Раскройте скобки

1. В пресс-конференции участвовали *(А. Г. Ковалёв; Б. Е. Щербина)*.
2. Журналисты остались довольны *(Ковалёв; Щербина)*.
3. Авария на *(Черно́быльская АЭС)* случилась 26.IV.86, а пресс-конференция состоялась 7.V.86.

H. Give verbs related to the following nouns. Give examples of the government of these verbs and of the nouns formed from them:

1. сообщение
2. участие
3. ликвидация
4. оказание
5. по́мощь

I. Придумайте как можно больше разных ответов на каждый из поставленных вопросов

1. Какие бывают **аварии**?
2. Что можно **открыть**?
3. О чём можно **напомнить** другу?
4. Что можно **ликвидировать**?
5. Что можно **посетить**?
6. В каких случаях мы говорим **на днях**?
7. Какие меры можно **принять**?
8. Какими бывают **руководители**?
9. Что можно сделать **подробно**?
10. Что может быть **достоверным**?
11. Что может **состояться**?
12. Что можно **принять**?
13. С чем можно **ознакомиться**?

J. СЛОВООБРАЗОВАНИЕ

Find words in the text which are based on the following roots. Learn the additional words and compose sentences with them.

1. СЛЕД+ _____

    последний — last

    следить\последить + **за кем-чем?** — to watch, follow, look after

        следи́ть за собой — to take care of oneself

        слёжка following, shadowing *(of someone)*

            следовать\последовать + $\begin{cases} \textbf{за кем-чем?} \\ \textbf{чему?} \end{cases}$ — to follow, go after

            сле́дователь — investigator, explorer

            сле́довательно — consequently

            сле́дующий — next, following

    иссле́довать (IMPFV & PFV) + **что?** — to research, investigate

        иссле́дование — investigation, study, *(scientific)* paper

    насле́довать (IMPFV & PFV) + **что?** — to inherit

        (and унасле́довать PFV)

        насле́дство — inheritance, legacy, heritage

        насле́дственность— heredity

        насле́дник / насле́дница — heir / heiress

    пресле́довать (IMPFV only) + **кого?** — to follow, pursue; to persecute, harass, prosecute

2. МН+_____

    мнить + **что?** — to think, imagine

        мне́ние— opinion

            мни́тельный — mistrustful, suspicious, hypochondriac

    сомнева́ться (IMPFV only) **в ком-чём?**— to doubt

        сомне́ние — doubt

            несомне́нно — undoubtedly

    $\left.\begin{array}{l} \text{по́мнить} \\ \text{вспомина́ть} \end{array}\right\}$ \ вспо́мнить + $\begin{cases} \textbf{кого-что?} \\ \textbf{о ком-чём?} \end{cases}$ — to remember, recollect

    запомина́ть\запо́мнить+ **что?**—to commit to memory, learn, remember

    упомина́ть\упомяну́ть+ $\begin{cases} \textbf{кого-что?} \\ \textbf{о ком-чём?} \end{cases}$ — to mention, refer to опо́мниться   (PFV only) — to come to one's senses

па́мять *(ж.)* — memory
  па́мятный — memorable
    па́мятник — monument, memorial, gravestone
    помина́ть\помяну́ть + **кого-что**?— to mention
    Помяни́ мои слова́! — Mark my words!

      поми́нки — wake

      поми́н — mention *(limited usage in set expressions)*
      В помине нет (**чего**?) — There's no trace of it.

> Лёгок ⎫
> Легка́ ⎭ на помине   *Speak of the devil !*

K. Придумайте как можно больше разных ответов на каждый из поставленных вопросов:

  1. Когда мы говорим, что кто-то **лёгок** на помине?
  2. Когда мы говорим, «**Помяните мои слова**»?
  3. Что можно **упомянуть**?
  4. В чем можно **сомневаться**?
  5. Что такое «**мнительный**» человек? Как он ведёт себя?
  6. Чему можно **следовать**?
  7. Какая разница между глаголами **следовать** и **следить**?
  8. За чем можно **следить**? За кем можно **следить**?
  9. Кого можно **преследовать**?
  10. О чем можно **вспоминать**?
  11. Когда мы говорим «**Опомнитесь**»!
  12. Что можно **исследовать**?
  13. Какая разница между глаголами **запомнить** и **помнить**?
  14. Чем занимается **следователь**?
  15. Кому можно поставить **памятник**?
  16. Какие **памятники** можно увидеть в Москве?

L. Дайте английские эквиваленты нижеприведённых словосочетаний и объясните по-русски их смысл. Постарайтесь составить предложения или «мини-диалоги» с этими словосочетаниями:

  1. исключи́тельный случай
  2. небыва́лый случай
  3. несчастный случай
  4. осо́бый случай
  5. удобный случай
  6. тяжёлый случай
  7. подходящий случай
  8. зависеть от случая
  9. в большинстве случаев
  10. во всяком случае
  11. ни в коем случае
  12. в таком случае
  13. в лучшем случае
  14. воспользоваться случаем
  15. упустить случай
  16. случайный свидетель
  17. случайная ошибка

1. невысокое мнение
2. собственное мнение
3. предвзятое мнение
4. распространённое мнение
5. различные мнения

6. обмен мнениями
7. высказать своё мнение
8. изменить своё мнение
9. обмениваться мнениями
10. преобладающее мнение

M. Use words with the root **МН+**:

1. Какого Вы _____ о современной молодёжи?

2. Почему Вы мне не _____ купить хлеб?

3. Вот мой телефон. _____ его.

4. Встретимся у _____ Пушкину.

5. Я как раз противоположного _____

6. Он никому не доверяет. Он такой _____.

7. Он этого не забудет. _____ мои слова ! ! ! !

8. Бабушка любит _____ о жизни во время НЭПа.

9. —Вы _____, кто открыл пресс-конференцию.

   —Нет, стараюсь, но не могу _____

10. Мы как раз говорили о тебе. Ты легка _____.

11. Я везде искал/а эту книгу, а ее _____ нет.

12. Он о своих прежних ошибках даже не _____

13. —Я очень _____, что тебя впустят в Узбекистан.

    —Не _____, конечно, впустят.

14. Почему ты так волнуешься? _____!

15. Я абсолютно ничего не _____

16. Если ты _____ позвони мне.

17. Кто _____?

N. Use words with the root **СЛЕД+**:

1. Кто _____?

2. Если вы не будете _____ за произношением, вы

   никогда не будете говорить хорошо по-русски.

3. Преступление раскрыл опытный _____

4. Он/а работает над большим _____ _____

5. Когда мы были в Албании и Румынии, за нами постоянно _____

6. На _____ день они уехали.

7. На Чернобыльскую АЭС отправили опытных _____

8. Вас никто не _____

9. За Вами никто не _____.

10. Они получили большое _____от бабушки.

11. _____за своим здоровьем !

12. Мы все это _____ _____.

13. Он всё мечтает жениться на богатой _____

14. Какие меры приняты для ликвидации _____аварии?

15. Зачем вы меня _____?

O.   Combine appropriate nouns from the right column with adjectives in the left column.

1. достоверный

2. иностранный

3. правительственный

4. следующий

5. мнительный

6. короткий

1. информация_____
2. факт _____
3. источник_____
4. гость_____
5. корреспондент _____
6. комиссия_____
7. неделя _____
8. семестр_____
9. люди_____
10. память_____
11. старик_____

P.   The following words are either similar in meaning or similar in form. How do they
       differ from each other?

1. обстановка — остановка — установка — постановка
2. ознакомиться — познакомиться
3. рассматривать\рассмотреть — осматривать\осмотреть
4. помощь — помочь
5. оказать — отказать — оказаться — отказаться — показаться
6. правительство — государство
     правительственный — государственный
7. затем — потом (потóм — пóтом)
8. министр иностранных дел — министр внутренних дел
9. верный — достоверный — правильный
10. напомнить — запомнить — вспомнить
11. держать — содержать — сдержать
12. посещать   —   навещать

Q. VOCABULARY REVIEW

Глаголы:

запоминáть\запóмнить +что?
исслéдовать +что?
мнить+что?
напоминáть\напóмнить +кому?
наслéдовать +что?
опóмниться
ознакомля́ться\ознакóмиться+с кем-чем?
поминáть\помяну́ть+кого-что?
пóмнить\вспóмнить+кого-что?
посещáть\посетить +что?

преслéдовать +кого?
происходи́ть\произойти́
публиковáться
рассмáтривать\рассмотрéть+что?
следи́ть\последи́ть за кем-чем?
слéдовать\по- +за кем-чем?
сомневáться в ком-чем?
сообщáть\сообщи́ть кому о чем?
унаслéдовать+что?
упоминáть\упомяну́ть что?

Имена существительные:

авáрия
замéститель
исслéдование
ликвидáция
мéра
мнéние
населéние
наслéдственность
наслéдство
обстанóвка
оказáние
отчёт
пáмять *(ж.)*
пáмятник кому?
поми́н
поми́нки
пóмощь *(ж.)*
послéдствие
пот
прави́тельство
пресс-центр
пресс-конферéнция
руководи́тель
руковóдство
связь *(ж.)*
след

слéдователь
слéжка
сомнéние
сообщéние
учáстие
член

Имена прилагатеьные:

достовéрный
инострáнный

лёгок на поми́не
мéстный
мни́тельный
послéдний
прави́тельственный
регуля́рно
слéдующий
у́тренний

Наречия:

затéм
несомнéнно
подрóбно
потóм
слéдовательно

Другое:

на днях

A. Подготовка к чтению:

Знаете ли Вы следующие слова и выражения:

1. загрязнéние - грязь - грязный
2. учáсток - часть
3. смысл - мыслить
4. забóтиться/позабóтиться о ком? о чем?
     забота   заботливый
5. ликвидировать - ликвидáция - ликвидáтор
6. гибель - гибнуть - гибельный
7. лечéние - лечиться - лечéбный
8. осуществляться - существó - имя существительное

B. Read the following press release (*Известия*) about the nuclear accident at Chernobyl. Note the following facts.

1. Когда написана эта статья?
2. Что, по мнению автора статьи, обязано было сделать государство и не сделало?
3. Как саркастически называет автор советское государство?
4. В чем обвиняет автор государство?

ЧЕРНОБЫЛЬ: СУДЬБА ЛИКВИДАТОРОВ

Сегодня исполняется 8 лет с того страшного апрельского утра, когда весь мир (кроме СССР) узнал о взрыве на ЧАЭС.

Истинный смысл глобальный ядерной катастрофы мы не могли понять в апреле 1986 г, однако могли и были обязаны максимально позаботиться о здоровье людей, которых государство призвало ликвидировать последствия аварии. Но что для «империи чиновников» жизнь 600.000 людей?

Увы и сегодня забота о здоровье и лечении пострадавших, принимавших участие в очистке загрязненных участков АЭС, больше политическая игра, чем реальность.

Людей гнали на верную гибель — чистить крышу машинного зала, заваленную радиоактивной грязью. Где сейчас эти люди, живы ли? не скажет никто...

А. Иллеш
«Известия»

C. Дайте видовую пару (если есть) и проспрягайте:

1. забóтиться
2. принимать участие
3. ликвидировать
4. чистить
5. гнать
6. призвать

D. Give the verbs from which the following nouns and participles are formed.
1. загрязненный
2. очистка
3. заваленный
4. пострадавший
5. принимавший
6. лечение
7. гибель *(ж.)*

E. Ask each other questions in Russian to elicit the information in the article.

F. Придумайте как можно больше разных ответов на каждый из поставленных вопросов.

 1. Что можно **чистить**?
 2. От чего можно **страдать**?
 3. От чего можно **пострадать**?
 4. Что можно **ликвидировать**?
 5. О ком/чём можно **заботиться**?
 6. Кого и куда можно **гнать**?
 7. Где и при каких обстоятельствах можно **погибнуть**?

G. СЛОВООБРАЗОВАНИЕ

Find words in the text which contain the following roots. Learn the additional words with these roots and compose sentences or dialogues with them.

 1. ЧИСТ+_____

  чи́стый — clean, pure чистопло́тный — decent, upright
   чистота́ — cleanliness
    чи́стка — cleaning purge
    химчи́стка — dry cleaning / dry cleaner's
  чи́стить\почи́стить + **что**? — to clean
  очища́ть\очи́стить + **что**? — to cleanse, purify, rectify

 2. ЛЕК+/ ЛЕЧ+_____

  лека́рство **от чего**? и **против чего**? — medicine (for something)
   лека́рственные тра́вы — medicinal herbs
    (ле́карь) — healer, quack
  лечи́ть\вы́лечить + **кого**? { **от чего**? / **чем**? } — to treat\heal
  лечи́ться\вы́лечиться + **от чего**? (**чем**?)
   лече́ние— treatment
  неизлечи́мая боле́знь — a chronic illness/disease

   лече́бный — medicinal; medical
   лече́бница — clinic

 3. ЧАСТ+_____

  части́ца — particle
   бо́льшей ча́стью — for the most part
  части́чный — partially
  в ча́стности — in particular
   уча́ствовать + **в чём**? — to participate
  принима́ть\приня́ть уча́стие **в чём**? — to participate

  у́часть *(ж.)* — fate, lot
  ча́стный — private, personal
   ча́стная со́бственность — private/personal property
  ча́стный университе́т (ко́лледж) — private university (college)

счáстье — fortune, luck   к счáстью — fortunately
счастлúвый — fortunate, lucky; счáстлив/а happy
счастлúвец — fortunate / lucky person
несчáстье — misfortune
несчáстный — unfortunate, unlucky

ЗАПОМНИТЕ: Счастлúвого путú!
Счастлúвой дорóги!
Счастлúво … (доéхать)!

H. Придумайте как можно больше разных ответов на каждый из поставленных вопросов:

1. Когда происходили **чистки**?
2. Где можно **лечиться**?
3. Что можно отнести в **химчистку**?
4. Что такое «**лекарственная трава**»?
5. Когда мы принимаем **лекарство**? От чего мы принимаем **лекарство**?
6. От чего можно **лечиться**?
7. Что такое «**неизлечимая болезнь**»? Дайте пример.
8. В чём можно **участвовать**?
9. Что такое «**частный университет**»?
10. Что такое «**частная собственность**»?
11. Какие **лекарства** можно принимать?
12. Что можно **лечить**?
13. Что может быть **чистым**?
14. Что можно **почистить**? **очистить**?

I. Составьте предложения:

1. лечúться + грипп, простуда, ревматизм, кашель, артрит

    + известный специалист, знаменитый врач
       выдающийся профессор

2. учáствовать+ спортивное соревнование, выборы, демонстрация
       общественная жизнь, концерт художественной
       самодеятельности, забастовка, экспедиция

J. Дайте английские эквиваленты нижеприведённых словосочетаний и объясните по-русски их смысл. Постарайтесь составить предложения или «мини-диалоги» с этими словосочетаниями:

1. чистый голос
2. чистый воздух
3. чистая вода
4. чистый лист бумаги
5. чистая совесть
6. чистый звук
7. чистый спирт
8. чистое золото
9. чистая русская речь

10. от чистого сердца
11. чистая душа
12. чистить банан
13. чистить морковь
14. чистить рыбу
15. чистить ковёр
16. чистить ботинки
17. чистить апельсин
18. чистить грибы
19. чистить картошку
20. чистить ананас
21. вы́вести на чи́стую во́ду
22. принять за чистую монету

к. VOCABULARY REVIEW:

Глаголы:

гнать\погна́ть, вы́гнать
забо́титься\позабо́титься о ком?
    чем?
лечи́ть\вы́лечить кого?
ликвиди́ровать что?
очища́ть\очи́стить что?

призыва́ть\призвать кого? к
    чему?
принима́ть\принять уча́стие
    в чём?
уча́ствовать в чем?
чи́стить\почи́стить что?

Имена существительные:

артри́т
взрыв
ги́бель *(ж.)*
грипп
грязь *(ж.)*
забасто́вка
забо́та
зал
импе́рия
катастро́фа
ка́шель *(м.)*
кры́ша
ле́карь *(м.)*
лека́рство
лече́бница
лече́ние
несча́стье
очи́стка
пострада́вший
просту́да
радиа́ция
реа́льность

ревмати́зм
соревнова́ние
страда́ние
сча́стье
счастли́вец
уча́сток
у́часть *(ж.)*
химчи́стка
часть *(ж.)*
чи́стка
чистота́
экспеди́ция

Имена прилагательные:

ве́рный
выдаю́щийся
гря́зный
загрязнённый
знамени́тый
неизлечи́мый
лека́рственный
лече́бный

маши́нный
несча́стный
обще́ственный
повреждённый
радиоакти́вный
счастли́вый
тяжёлый
ча́стный
чи́стый
я́дерный

Наречия:

значи́тельно
максима́льно
отча́сти

Другое:

бо́льшей ча́стью
в тече́ние
в ча́стности
среди́

Дополнительное:

Прочитайте следующую статью о последствиях аварии на Чернобыльской АЭС.

«Правда и ложь»

Записка редактора газеты «Правда» В. Губарева в ЦК КПСС о его впечатлениях об обстановке в зоне Чернобыльской АЭС после аварии.

Секретно. 16 мая 1986 г

1. Эвакуация Припятии. Уже через час после аварии радиационная обстановка в городе была ясна. Никаких мер на случай аварийной ситуации там не было <u>предусмотрено</u>. Люди не знали, что делать. К моменту приезда правительственной комиссии можно было вывести всех людей из зоны даже пешком. Но никто не <u>взял на себя ответственность</u> (шведы сначала вывезли людей из зоны своей станции, а только потом выяснили, что <u>выброс</u> произошел не у них.)

2. На работах в опасных зонах находились солдаты, пожарники, <u>вертолетчики</u> и водители грузовиков без индивидуальных средств <u>защиты</u>.

3. Великолепно работали пожарные <u>подразделения</u>, но даже они не имели <u>обмундирования для работы</u> в зоне повышенной радиации.

4. <u>Поражает</u> инертность местных властей. Для пострадавших у них не было одежды, обуви, белья, ждали <u>распоряжений</u> из Москвы.

6. В Киеве панические настроения <u>возникли</u> по многим причинам, но в первую очередь из-за отсутствия информации. Ни один из руководителей не выступил по радио или по телевидению и не сообщил о радиационной обстановке в городе. Молчание руководства <u>усилило</u> панику, особенно, когда стало известно, что дети и семьи руководящих работников покидают город.

7. Сейчас настроение людей резко изменилось. Но ликвидация последствий аварии только начинается. И главное: именно сейчас необходимо повысить <u>безопасность</u> людей, работающих в зоне.

Б. Губарев
«Известия»

предусматривать - foresee, *зд.* plan in advance
брать\взять на себя ответственность - отвечать за что-то
выброс - *зд.* emission, release
вертолёт - helicopter
подразделение - unit
обмундирование униформа
поражать\поразить *кого? чем?* = сильно удивлять\ удивить
распоряже́ние = приказ
возникать = появляться
усилить = увеличить = сделать больше
покидать = уходить из...
безопасность = security

Письменное задание.

Напишите сочинение на тему:

Какие источники энергии вы считаете наиболее полезными и наименее вредными и почему?

A. Подберите подходящие имена существительные, но не меняйте рода и числа́. Придумайте предложения с новыми словосочетаниями, которые вы можете поставить в любом падеже:

1. видный ....

2. торговый ....

3. сельская ....

4. равнодушный ....

5. бытовой ....

6. универсальный ....

7. сложный ....

8. сложная ....

9. сельскохозяйственная ....

10. щекотливый ....

11. юридический ....

12. личная ....

13. торговый ....

14. водительские ....

15. учебный ....

16. основательная ....

17. нетрезвое ....

18. самостоятельная ....

19. кольцевая ....

20. правая ....

21. трезвый ....

22. исправительный ....

23. недисциплинированный ....

25. ясная ....

26. иностранное ....

27. рискованный ....

28. сочувствующий ....

29. бывшая ....

30. справочное ....

31. горбатая ....

32. благополучный ....

33. болотный ....

34. ржавый ....

35. правдоподобная ....

36. опасный ....

37. ответственный ....

38. правильное ....

39. правдивый ....

40. редкие ....

41. сдержанные ....

42. неразрешённые ....

43. загрязнённый ....

44. дорожно-транспортные ....

45. поздний ....

46. выходной ....

47. уверенный ....

48. будние ....

49. подобные ....

50. многообещающие ....

51. немнущийся ....

52. небьющаяся ....

53. православная ....

54. изменчивая ....

55. честное ....

56. малосто́ящий ....

57. пострадавший ....

58. скромные ....

59. общая ....

61. здерная ....

62. благоустроенная ....

63. глаженая ....

Б. Подберите подходящие имена прилагательные и придумайте предло-
    жения с новыми словосочетаниями, которые вы можете поставить в
    любом падеже. Не меняйте числа́ и не употребляйте прилагательных
    хороший/плохой; новый/старый

1. ....поведение
2. ....ученые
3. .... поток
4. ....праздники
5. ....зал
6. .... товары
7. ....гибель
8. .... лечение
9. .... совет
10. .... отдел
11. .... происшествие
12. ....дисциплина
13. ....появление
14. .... объявление
15. .... смена
16. .... шоссе
17. .... надпись
18. .... права́
19. .... течение
20. .... пища
21. .... путь
22. .... прачечная
23. .... имя
24. .... недостаток
25. .... пресса

26. .... личность
27. .... оборудование
28. .... продавец
29. .... посуда
30. .... поручение
31. .... случай
32. .... питание
33. .... могила
34. .... бюро
35. .... справочник
36. .... знак
37. .... результат
38. .... настроение
39. .... ток
40. .... источник
41. .... перемена
42. .... умывальник
43. .... болезнь
44. .... организация
45. .... время
46. .... ожог
47. .... запах

В. Вставьте подходящие по смыслу слова:

1. Купи какое-нибудь лекарство от _____ желудка.
2. Его доставили в больницу в _____ состоянии.
3. Его жена скончалась на _____ происшествия.
4. В результате _____ его доставили в больницу.
5. Вы имеете полное право _____ .
6. Они были невнимательны при _____ .
7. У нас спросили удостоверение _____ .

Г. Form sentences with the verb forms given below. Do not change tense, aspect, or person.

ОБРАЗЦЫ:	оставили	*Вы, наверное, оставили его в автобусе.*
	находится	*Где находится ближайшая аптека?*
	заняла́	*Она заняла первое место.*
	изменилось	*Ничего там не изменилось.*

1. подогрею ....
2. обменялись ....
3. досталось ....
4. достал....................
5. выкупай....................
6. помой....................
7. исправь....................
8. разберусь....................
9. разменяете....................
10. попал....................
11. упал....................
12. выдался....................
13. ликвидировали....................
14. доставят....................
15. не явился....................
16. поручаем....................
17. объявят....................
18. ненавижу....................
19. сложилась....................
20. стесняется....................
21. выглади....................
22. оказался....................
23. выгнал....................
24. надейтесь....................
25. ржавеет....................
26. наказали....................
27. обжёгся....................
28. устроиться....................
29. расстроили....................
30. расстроились....................

31. висит....................
32. занимает....................
33. пользуются....................
34. произошло....................
35. имеешь....................
36. наехал....................
37. сел....................
38. следует....................
39. участвуешь....................
40. задержишься....................
41. переселились....................
42. приобрел....................
43. торгует....................
44. ручаюсь....................
45. дождётся....................
46. загрузили....................
47. несли....................
48. зажги....................
49. поджег....................
50. жалуется....................
51. глажу....................
52. погрузился....................
53. не разбираюсь....................
54. умоляю....................
55. исполнит....................
56. содержит....................
57. удалось....................
58. не выдержу....................
59. держись....................
60. сними....................

Д. Упражнения на глаголы вести—водить; нести—носить; руководить; управлять

    1. Выберите подходящие по смыслу обстоятельства образа действия:

Он .... водит машину.

прекрасно, хорошо, плохо, умело, сложно, одновременно, редко, трудно, удобно, жутко, ужасно, страшно, правильно, лично, уверенно, осторожно.

    2. Укажите, что (чем) можно: вести—водить; нести—носить; руководить; управлять

Составьте предложения:

торговля, служба, работа, работы, ответственность, дневник, хозяйство, самолет, ребенок, муж (за нос), цветы, обязанность, потери, пальто, очки, сумка, борода, длинные волосы, усы́, изно́шенное пальто, фамилия, кружок, кру́жки, пропаганда, передача, собрание, причёска, дублёнка, кепка, свитер, джинсы, хор, семинар, первый курс русского языка

    3. Compose sentences. Use the words in columns 2 and 3 and, where possible, an adverbial expression from column 4 as the basis for each sentence. Compose one basic sentence, and then as many variants as possible. Either demonstrate (by pantomime/charade) or explain in English the meaning of each sentence you have composed.

1	2	3		4
мы	водить/вести	ребенок	муж	в руке
кто	носить/нести	друг		на руке
Миша		джинсы		за́ руку (за
папа		трубка	слон	ру́ку)
(отец)		стакан	бык	на рука́х
мама		шапка	плащ	по́д руку
(мать)		портфель		(под ру́ку)
сестра		самолёт		под мышкой
я		газета		на голове
кошка		котенок		на плечах
		собака		за хо́бот
		машина		за нос
		модная прическа		во рту
				на поводке

    4. Приведите подходящие по смыслу глаголы:

    1. вести борьбу..   4. вести подготовку.................................
    2. вести войну..   5. вести разговор....................................
    3. вести переписку......................................   6. вести спор...

A. Give the infinitive and meaning for the verbs from which the following participles are formed.

1. проведённый_____

2. находя́щиеся_____

3. заплани́рованный_____

4. сле́дующий_____

B. Give the infinitive and meaning for the verbs from which the following nouns are formed. Indicate the aspect of the verb from which the noun is formed and give the other aspect (if it exists).

1. сотрудничество_____

2. стыковка_____

3. создание_____

4. работа_____

5. дублёр_____

6. подготовка _____

C. Read the article below about a joint American-Russian space project. Determine the following information:

1. The type of space ship launched.
2. The name of the spaceship.
3. When it was launched.
4. The size of the crew.
5. The name of the person mentioned and his accomplishments.
6. The place where training for the flight is done.
7. The future plans of the joint American-Russian space program.

ИЗВЕСТИЯ С МЫСА КАНАВЕРАЛ

«Известия»

Как сообщают из центра управления полётом, 3 февраля 1994 года с мыса Канаверал во Флориде стартовал «Шатл».

Впервые в составе команды американских космонавтов российский космонавт Сергей Крикалёв. Сергею Крикалёву 35 лет, он самый молодой среди членов зкипажа, но при этом за плечами у него 463 дня, проведенных на орбите в 1991 году, это в 9 раз больше общего космического стажа 5-ти остальных американских астронавтов «Дискавери».

Крикалёв — толковый инженер, компьютерный волшебник, как назвали его члены экипажа. Он проверил работу всех компьютеров корабля и показал командиру корабля Чарльзу Болдену, как эффективно использовать некотоые компьютеры «Шатла».

Крикалёв и его дублёр 47-летний Владимир Титов, находяшиеся в США больше года, прошли курс подготовки в центре НАСА в городе Хьюстоне. Титов, как предполагают, полетит с другой командой в начале следующего года.

В свою очередь пятеро американских астронавтов будут работать на российско-американской орбитальной станции «Мир».

Российско-американская программа сотрудничества в космосе предусматривает также около десяти стыковок «Мира» и »Шатла» и создание в 1997-ом году совместной станции на орбите.

Остаётся надеяться, что нестабильная политическая ситуация в России не нарушит запланированной работы космонавтов двух стран.

D. Объясните по-русски:

1. стартовать
2. космический стаж
3. толковой инженер
4. компьюторный волщебник
5. проверить
6. членэкипажа
7. использовать
8. дублёр
9. предполагать
10. орбитальнаястанция

11. предусматривать
12. совместный
13. (не)стабильный
14. нарушать

E. Ask each other questions in Russian in order to elicit the information in the article.

F. Дайте видовую пару (если, есть) и управление:

1. проводить-
2. назвать-
3. проверить-
4. использовать-

5. предполагать-
6. полететь-
7. предусматривать-
8. нарушить-

G. Fill in the blanks with Сергей Крикалёв and Владимир Титов.

а. В этой статье вы читали о _____ и

_____ .

б. Вы читали о работе _____ и

_____ .

в. Многие читатели еще не знакомы с _____ и

_____ .

г. Запланированные работы продолжают _____ и

_____ .

H. СЛОВООБРАЗОВАНИЕ

Find words in the text which contain the following roots. Learn the additional words and compose sentences with them.

1. ПРАВ + _____

пра́вить + чем? — to drive, rule
пра́вило — rule
пра́во (иметь право) — right (to have the right)

поправля́ть\попра́вить + кого-что?— to correct, improve, adjust
попра́вить во́лосы — to straighten / fix (one's) hair
попра́вляться\попра́виться — to get better, to put on weight
попра́вка — correction, ammendment

заправля́ть\запра́вить + что? + чем? — to prepare, adjust
запра́вить машину бензином — to gas up

справля́ться\спра́виться+ $\begin{cases} \textbf{с кем-чем?} - \text{to cope with} \\ \textbf{о ком-чём?} - \text{to inquire about} \end{cases}$

спра́вка — official note, certificate, piece of paper

спра́вочное бюро́ — information booth, office
спра́вочник — handbook, reference book, guide

2. ВЕД+ (not ВЁД+) _____

изве́стие — news (item, piece of news)
извеща́ть\извести́ть+ кого? + о чём? — to inform
изве́стный — well known, famous
небезызве́стный — notorious
пове́стка — notification, notice

ве́дать+ чем? = заве́довать+ чем? — to manage, be in charge
заве́дующий ка́федрой — department chairperson
ве́домство — department, official (state / government) agency

---

NOTE: The verb ве́дать (ве́даю, ве́даешь, ве́дают) *"to know"* is
archaic in contemporary Russian, although it occasionally
used for stylistic purposes. The root **ВЕД+** (note that д › с
before -т) is quite frequent in derived words. Learn the
following words and expressions:

весть *(ж.)*   пропа́сть бе́з вести — to be missing (in action)
без моего́ ве́дома — unknown to me, without my consent
с вашего ведома — with your consent
ведь — you know, you see, after all

пове́дать *(pfv.)*+кому? + что? — to relate, communicate
по́весть *(ж.)* — tale, novella

и́споведь *(ж.)* — confession

отве́дать + что? и чего? — to taste, try

---

3. ВЕР+ _____

ве́рный — true, faithful, genuine, real
ве́рен/верна́+ кому-чему? — faithful (to) loyal (to)
наве́рно - наве́рное - наверняка́ — probably

вероиспове́дание — religious denomination, creed, faith
свобо́да вероиспове́дания — freedom of religion
Како́го она вероисповедания? — What religion *(faith)* is she?
ве́рить\пове́рить + $\begin{cases} \textbf{кому-чему?} - \text{to believe [someone/something]} \\ \textbf{в кого?} + \textbf{во что?} - \text{to believe in} \end{cases}$
ве́ра + **во что?** — belief, faith

доверя́ть\дове́рить + $\begin{cases} \textbf{кому}? — \text{to trust} \\ \textbf{что}? + \textbf{кому}? — \text{to entrust} \end{cases}$

дове́рчивый — trustful, credulous
дове́рчивость — trustfulness, credulity
дове́рие — trust, confidence
по́льзоваться чьим-нибудь доверием - to enjoy someone's confidence

проверя́ть\прове́рить + **кого-что**? — to check, verify, test
прове́рка — verification
прове́рочная работа — test, quiz

4. ТРУД + _____

труди́ться — work

трудолю́бие— a quality that describes affinity for hard work
трудолюби́вый— industrious, someone who likes to work hard
трудоспосо́бный- capable of working
трудоспосо́бность—ability to work
тру́женик— toiler
тру́дность (тру́дности)— difficulty

сотру́дничать — cooperate
сотру́дничество   сотру́дник

Пословица: **Без труда́ не вы́тащишь и ры́бку из пруда́.**

I. Придумайте как можно больше разных ответов на каждый из поставленных вопросов

1. Что такое «**доверчивый** человек»?
2. Где работает **экипаж**?
3. О чём можно кого-нибудь **известить**?
4. Когда мы говорим «**поправляйтесь**»?
5. О чём можно **справиться**?
6. Чем можно **заведовать**?
7. Во что можно **верить**?
8. Какие вы знаете **вероисповедания**?
9. Что можно **проверить**?
10. Какая разница между **повестью** и **рассказом**?
11. С чем можно **справиться**?
12. С кем можно **сотрудничать**?
13. Какая разница между **сотрудничеством** и **сотрудником**?

J. Fill in the blanks with words formed from the following roots:

ПРАВ +

1. Если вы забыли его адрес, обратитесь в _____.
2. Вам нужна _____ от врача.
3. Вы не _____ так поступать.
4. Эта такая трудная задача, боюсь, что не _____ с ней.
5. Мы таких _____ не даем.
6. Вы забыли самое важное _____.
7. За лето он _____ на 10 килограммов.
8. Бензин кончается. Где здесь можно _____ машину?
9. Она долго болела, но сейчас она уже _____.
10. Это хороший _____ по глаголам.
11. _____ причёску!

ВЕД+

1. Кто написал «_____ Белкина»?
2. Этот актёр _____ всему миру.
3. Ты это читал в «Правде» или в «_____»?
4. Во время войны он пропал _____.
5. По радио передавали последние _____.
6. Он пошёл к _____ кафедрой и пожаловался на всех преподавателей.
7. Она написала курсовую работу о роли _____ в романах Достоевского.
8. Если они приедут, мы вас _____.
9. Это было сделано без нашего _____.

ВЕР+

1. У нас в Америке существует свобода _____.
2. Небо такое чёрное, _____ будет дождь.
3. Как вы могли _____ им такую работу?
4. Она ни во что не _____.
5. _____ мне, я говорю правду.
6. Трудно _____, что скоро это всё кончится.
7. Тебя легко обмануть, ты слишком _____.
8. Ничего не говори ему. Ему нельзя _____.
9. Это лекарство еще не _____ на животных.
10. Я должен/должна _____ все эти работы.
11. Он ничьим _____ не пользуется.

ТРУД+

1. Он потерял доверие всех друзей, так как _____ с КГБ.
2. Страны Европы до сих пор не подписали договор об экономическом _____.
3. У него в жизни было много _____.

К. Подберите синонимы из правой колонки. Используйте все слова:

_____ 1. испытать	а. повесть (ж.)
_____ 2. спрашивать	б. поправить
_____ 3. выздороветь	в. поправиться
_____ 4. указать на ошибки	г. справляться
_____ 5. привести в порядок	д. отведать
_____ 6. признание	е. включить лампу
_____ 7. преданный	ж. ведать
_____ 8. рассказать	з. исповедь (ж.)
_____ 9. пополнеть	и. известный
_____10. знаменитый	й. поведать
_____11. рассказ	к. верный
_____12. попробовать	л. проверить
_____13. рассказчик	м. повествователь
_____14. останавливать	н. торговать
_____15. зажечь свет	
_____16. узнавать	
_____17. потолстеть	
_____18. знать	

L. VOCABULARY REVIEW

Глаголы:

ве́дать +чем?
ве́дать +что?
ве́рить\пове́рить +кому-чему?
включа́ть\включи́ть +что?
выводи́ть\вы́вести +что??
доверя́ть\дове́рить +что? кому?
заправля́ть\запра́вить +что?
заве́довать +чем?
заверша́ть\заверши́ть +что?
извеща́ть\извести́ть+ кого?
испо́льзовать+что? где? на чём?
лете́ть\полете́ть +куда?
наде́яться\понаде́яться на +кого? что?
называ́ть\назва́ть+ кого? что? кем-чем?

остава́ться\остаться +где?
поправля́ть\попра́вить+кого-что?
поправля́ться\попра́виться
пове́дать +кому? что?
предполага́ть\предположи́ть+ что?
предусма́тривать\предусмотре́ть+что?
прекраща́ть\прекрати́ть + что?
проверя́ть\прове́рить+ кого-что?
проводи́ть\провести́ +что? кого? куда?
продолжа́ть\продо́лжить +что?
пропада́ть\пропа́сть бе́з вести
пропове́довать +что?
проходи́ть\пройти́ что?
сотру́дничать
справля́ться\спра́виться+с+INST /+о+PREP
стартова́ть

Имена существительные

астрона́вт
борт (на борту́)
ве́домство
ве́ра
весть (ж.)
вероиспове́дание
волше́бник
дове́рие
дове́рчивость
дублёр
запра́вочная ста́нция
и́споведь (ж.)
изве́стие
инжене́р
ко́мплекс
кома́нда
команди́р

компью́тер
кора́бль (м.)
космона́вт
курс
мир
мыс
нача́ло
орби́та
о́чередь (ж.)
перека́чка
плечо́
по́весть (ж.)
подгото́вка
полёт
попра́вка
пра́во
програ́мма
прове́рка
ситуа́ция
созда́ние
соста́в
сотру́дник
сотру́дничество

спра́вочное бюро
стаж
ста́нция
стыко́вка
управле́ние
центр
экипа́ж

Имена прилагательные:

америка́нский
ве́рный
дове́рчивый
друго́й
заплани́рованный
запра́вочный
компью́терный
косми́ческий
изве́стный
молодо́й
небезызве́стный
о́бщий

орбита́льный
остальны́е
(астрона́вты)
полити́ческая ситуа́ция
прове́рочный
росси́йский
сле́дующий
стаби́льный
совме́стный
толко́вый (инжене́р)
эффекти́вный

Другое:

без моего́ ве́дома
ведь
впервы́е
наве́рно
наве́рное

ДОПОЛНИТЕЛЬНОЕ:

M. Объясните по-русски следующие слова:

1. экспедиция
2. Марс
3. отправляться
4. грандиозный проект
5. постоянный экипаж
6. подобная станция
7. промежуточная база
8. финансовые расходы
9. капиталовложение
10. отказаться
11. собственный

N. Прочитайте следующий текст и ответьте на вопросы:

1. Что и с какой целью планируют создать американские и российские космонавты в 1997 г.?
2. Когда космонавты собираются лететь на Марс?
3. О чём сейчас спорят и почему?

НАЧИНАЕТСЯ ПОДГОТОВКА К ЭКСПЕДИЦИИ НА МАРС

На прошлой неделе (3 февраля 1994 года) на борту американского «Дискавери» впервые отправился в космос российский космонавт Сергей Крикалёв.

Нынешний полёт начинает грандиозный международный космический проект. С 1997 года российские и американские космонавты будут строить на орбите большую космическую станцию. В 2003 году на ней должен появиться первый постоянный экипаж. Еще через полвека подобная станция станет промежуточной базой при полёте на Марс.

Спорят теперь лишь о том, какая страна будет нести основные финансовые расходы. Поскольку Россия предоставит для новой станции модули действующего комплекса «Мир», основных капиталовложений логично ждать от США, Японии и стран Западной Европы. Американцам на строительство станции нужно будет потратить свыше 19 миллиардов долларов, а японцам больше 600 миллионов.

Европа также примет участие в финансировании этого проекта, а поэтому ей придётся отказаться от собственной станции.

Вячеслав Недогонов
«Московские Новости»

O. Объясните по-русски значения следующих слов:

1. отправился в   _____
2. космический   _____
3. постоянный экипаж   _____
4. подобная   _____
5. промежуточной   _____
6. финансовые расходы.   _____
7. модули   _____
8. капиталовложений   _____
9. отказаться от   _____
10. собственной   _____

P. Прочитайте следующую статью. Почему, по вашему мнению, космонавтам не додали деньги?

КОСМОНАВТЫ СЕЛИ НА МЕЛЬ

Российские космонавты, отправленные на официальную командировку в США, оказались за границей на мели.

НАСА обеспечило российских космонавтов жильём и питанием. Но им необходимо не только поддерживать свою работоспособность, но и содержать свои семьи, ежедневно думать о том, чем накормить детей. Оказавшись в таком нелёгком положении, космонавты тем не менее достойно выполняют сбоё дело, не жалуясь на судьбу.

Светлая голова и золотые руки Сергея Крикалёва позволяют ему производить ремонт сложнейшей механики на «Шаттле». Его коллега Владимир Титов, который будет следующим русским на орбите, также полон оптимизма. Тем не менее, как стало известно, Российское космическое агентство недодало космонавтам деньги, перечисленные спонсорами. Десять долларов на члена семьи в день - такой скромный бюджет русского человека, выполняющего миссию посланца Земли.

М. Драгныш
«МН»

This article is about the Guinness Book of Records. Find the following information:

1. How long has this book been published? How did it get its name? Where was it first sold? Who were its first editors?
2. How many copies are sold annually? How many languages is it published in?
3. What ceremony is being conducted? Where is it being conducted? Why are Vladimir Titov and Musa Manarov present? What was their accomplishment?
4. Who is Ganesh Sittampalam? How old is he and why is he special?
5. Where is Sean Shannon from? Where does he live now? What is his accomplishment.
6. Who is Igor' Zajtsev? Why is he at the ceremony?
7. What did Robert Swan accomplish? Where is he from?
8. What detrimental effects to the environment are mentioned in the article?
9. What is the Соединенное Королевство?

«ГИННЕСС» ПРИНИМАЕТ РЕКОРДСМЕНОВ

«Книга рекордов Гиннеса теперь выходит уже на 35 языках мира»—такими словами Норис Макуэртер начал представление сборника «1991», этого ныне, наверное, популярнейшего в мире издания. 35-й по счету язык — русский. Вот почему на церемонии, посвященной очередному выходу в свет «Книги рекордов», героями дня оказались советские гости — космонавты Владимир Титов и Муса Манаров. Их достижение занимает почетное место в летописи всепланетных рекордов. На околоземной орбите они провели 365 дней 22 часа 39 минут 47 секунд.

Это собрание удивительно разнообразной информации со всего света обязано своим появлением на свет почти четыре десятилетия назад деньгам пивоваренной компании «Гиннесс» и журналистской изобретательности братьев Нориса и Росса Макуэртер, ставших первыми редакторами «Книги рекордов». Ее начали продавать в пивных, принадлежащих этой фирме.

Тираж рос, как на дрожжах, и сегодня он составляет уже 65 миллионов экземпляров. Тоже своего рода рекорд.

На церемонию представления, которая состоялась в старом библиотечном зале лондонского Музея науки, наряду с нашими космонавтами был приглашен целый ряд людей, чем-то особенно отличившихся в последнее время. Вот почему я не удивился тому, что темнокожий мальчик, сидевший рядом со мной, задавал на равных с взрослыми вопросы гостям из СССР. Его интересовало ощущение человека в состоянии невесомости. Ганеш Ситтампалам из графства Суррей в возрасте девяти лет и четырех месяцев получил высшего достоинства диплом, дающий ему право поступить на математический факультет Лондонского университета.

Это, как говорится, дар от Бога, но многие рекорды становятся возможными прежде всего благодаря усилию и терпению. Канадец Шон Шаннон, проживающий сейчас в Оксфорде, отличился тем, что смог с невероятной быстротой прочитать знаменитый монолог Гамлета «Быть или не быть» за 26,8 секунды.

«Книга рекордов Гиннесса» уникальна тем, что на ее страницах помещают и сведения забавного свойства, и очень-очень серьезную информацию. У нас в стране, как справедливо отметил Игорь Зайцев, редактор русского варианта этого издания, до недавнего времени бытовало неточное представление о ней, как о собрании анекдотов, между тем книгу следовало бы точнее назвать «энциклопедией».

Очередной сборник «1991» особое внимание в духе времени уделяет проблеме защиты окружающей среды. О том, что угроза экологии — одна из величайших опасностей, нависших над всем человечеством, на представлении новой «Книги рекордов» выразительно говорил Роберт Суон. Он также один из ее героев. В 1986 году этот отважный британец прошел маршрутом своего земляка Роберта Скотта к Южному полюсу. Ранее он также успешно добирался до полюса Северного.

— Если в Антарктиде мы страдали от ожогов, вызванных повреждением озонового слоя Земли, — вспомнил Р. Суон, — то в Арктике было тепло, к полюсу мы добрались чуть ли не вплавь. Это все признаки ущерба, который уже нанесен природе. Вот почему я уверен, что надо безотлагательно и активно действовать, чтобы предотвратить катастрофические последствия для полярных регионов, от которых зависит климат на всей нашей планете.

С большим юмором и тактом на вопросы публики ответили В. Титов и М. Манаров. Они шутя заметили, что на борту своего «Союза» занимались не только тем, что устанавливали рекорд для «Книги рекордов Гиннесса», а в основном работали, выполняя большую программу исследований.

Когда я спросил В. Титова, продолжают ли подготовку в Звездном городке двое британцев, отобранных для участия в совместной экспедиции (инициаторы этого проекта в Англии испытывают сейчас большие финансовые трудности), то в ответ услышал: да, все идет своим чередом, говорят, будто бы англичанам хочет помочь одна германская фирма.

Так что путь к рекорду (можно не сомневаться, место в «Книге рекордов Гиннесса» наверняка нашлось бы для представителя Соединенного Королевства, который бы первым побывал в космосе) сплошь и рядом весьма тернистый.

А. КРИВОЛАПОВ
соб. корр. «Известий»
ЛОНДОН

Дайте английские эквиваленты:

1. Вот почему на церемонии, посвященной очередному выходу в свет «Книги рекордов», героями дня оказались советские гости — космонавты Владимир Титов и Муса Манаров.

2. Это собрание удивительно разнообразной информации со всего света обязано своим появлением на свет почти четыре десятиления назад деньгам пивоваренной компании «Гиннесс» и журналистской изобретательности братьев Нориса и Росса Макуэртер, ставших первыми редакторами «Книги рекордов». Ее начали продавать в пивных, принадлежащих этой фирме.

3. Тираж рос, как на дрожжах, и сегодня он составляет уже 65 миллионов экземпляров. Тоже своего рода рекорд.

4. Ганеш Ситтампалам из графства Суррей в возрасте девяти лет и четырех месяцев получил высшего достоинства диплом, дающий ему право поступить на математический факультет Лондонского университета.

5. Канадец Шон Шаннон, проживающий сейчас в Оксфорде, отличился тем, что смог с невероятной быстротой прочитать знаменитый монолог Гамлета «Быть или не быть» за 26,8 секунды.

6. Очередной сборник «1991» особое внимание в духе времени уделяет проблеме защиты окружающей среды.

7. —Если в Антарктиде мы страдали от ожогов, вызванных повреждением озонового слоя Земли, — вспомнил Р. Суон, — то в Арктике было тепло, к полюсу мы добрались чуть ли не вплавь.

8. Место в «Книге рекордов Гиннесса» наверняка нашлось бы для представителя Соединенного Королевства, который бы первым побывал в космосе.

Составьте сочетания и предложения

со словами двух групп.

Выберите нужную группу, падеж и предлог

1. включить	а) слова — речи — заявления
2. «доверчивый человек»	б) тайна — история — секрет — факты
3. прекратить	в) газ — свет — мотор — вопрос (или пункт) / повестка дня
4. экипаж работает	
5. известить	г) склад — аптека — библиотека — хозяйство
6. вы́глядеть	
7. «поправляйтесь»	д) здоровый — бодрый — прекрасно
8. купить на заправочной станции	е) буддизм — мусульманство — иудаизм — христианство
9. справиться	ж) корабль — самолёт — танк
10. заведовать	з) хозяйство — управление — задание — задача — работа
11. наверно - наверное - наверняка	
12. верить (во что?)	и) победа — жизнь — добро
13. вероисповедание	к) история жизни героя — короткий эпизод
14. не верить (чему?)	л) бензин — машинное масло — фрион
15. проверить	м) всем доверять - никого ни в чём не подозревать
16. повесть и рассказ	
17. справиться	н) кто-то болен, нездоров
	о) собрание — забастовка — шум — подача воды — существование
	п) точно, я в этом уверен — может быть, я сомневаюсь
	р) погода — новости — здоровье
	с) факты — документы — контрольная работа — знания
	т) пирог — суп — печенье — салат — рыба
	у) машина — страна — государство — мир

А. Подберите подходящие имена существительные, но не меняйте род и числá.
Придумайте предложения с новыми словосочетаниями, которые вы можете поставить в
любом падеже.

1. спортивное..

2. верная..

3. доверчивые ....

4. частный ....

5. отдельная ....

6. лечебные ....

7. лекарственные ....

8. питьевая ....

9. проверочная ....

10. заправочная ....

11. дорожная ....

12. правительственная ....

13. государственный..

14. подробный..

15. мнительные ....

16. памятный..

17. короткая..

18. разрушительный ....

19. достоверная..

20. скорый..

21. необходимые ....

22. неизлечимая ....

23. несчастные ....

24. общественные ....

В. Подберите подходящие имена прилагательные и придумайте предложения с новыми
словосочетаниями, которые вы можете поставить в любом падеже. Не меняйте числá и не
употребляйте прилагательных *хороший–плохой / новый–старый:*

1. ....весть

2. ....корабли

3. ....повесть

4. ....право

5. ....ряд

6. ....вера

7. ....последствия

8. ....население

9. ....заместитель

10. ....случай

11. ....помощь

12. ....часть

13. ....лекарство

14. ....грипп

15. ....несчастье

16. ....счастье

17. ....жертвы

18. ....участок

19. ....тяжесть

20. ....помещение

21. ....обстановка

A. Подготовка к чтению:

Знаете ли вы следующие слова:

сýдно (судá, судóв)
предвари́тельный
нали́чие

B. The following article is about cruise ships on the Volga. Note the following points of information.

1. The author of the article and his job.
2. When and why people begin to think of cruises on the Volga.
3. What class cabin is recommended and why.
4. The cost of a third-class cabin in comparison with a first-class cabin.
5. The cost of a first-class ticket from Moscow to Astrakhan.
6. How far in advance one can buy a ticket. When one can buy tickets.
7. The name of the ship which will run from Moscow to Astrakhan.
8. The author's desire and his promise to passengers.
9. The problem discussed in this article, and author's solution.

ПРИГЛАШАЕМ
К ПУТЕШЕСТВИЮ

ПО ВОЛГЕ-РЕКЕ

С наступлением весны многие начинают задумываться над тем, как провести предстоящий отпуск. Быть может, на пассажирских судах, курсирующих по Волге?

Путешествия на судах транспортных линий стали настолько популярны, что уже сегодня в первый и второй классы купить билеты далеко не просто, а вот недорогие каюты третьего класса нередко, особенно осенью, начиная с 1 сентября оказываются пустыми.

Проезд в двух- или четырехместных каютах третьей категории почти в четыре раза дешевле, чем в первом классе. От Москвы до Астрахани такой билет стоит совсем недорого.

Почему бы сегодня, когда в кассах началась предварительная продажа билетов на всю навигацию, заранее не подумать об осеннем путешествии на теплоходах за невысокую стоимость в каюте третьего класса?

В Москве, где практически почти полностью формируется состав пассажиров, надо лучше рекламировать заранее наличие свободных мест III категории на рейсовых теплоходах. Многое зависит от Московского речного пароходства. На наш взгляд, его пассажирской службе следует активнее информировать о свободных местах на судах транспортных линий. Вот тогда многие, ранее полагавшие, что на волжский теплоход не достать билета, пришли бы заранее в центральные кассы (телефон 257-71-09) или в день отхода судна в кассу Северного речного вокзала (телефон (457-40- 50), купили билеты и отправились в путешествие.

27 мая по маршруту Москва—Астрахань отправится наш теплоход «Сергей Есенин». Хотелось бы надеяться, что в течение всей навигации в каждой каюте будут пассажиры, наши дорогие гости. А мы постараемся, чтобы всем без исключения путешествие понравилось.

Н. БАЖЕНОВ
помощник капитана
«ВМ»

C. Ask each other questions in Russian which will elicit the information in the article.

D. Найдите в статье синонимы для следующих слов:

1. теплоход, пароход, лодка _____

2. по-нашему, мы думаем_____

3. поездка_____

4. плавание _____

5. плавать, ходить _____

6. купить билет _____

7. заранее _____

8. отбытие, отъезд, отправление _____

9. все до последнего _____

10. давать знать, объявлять_____

E. Объясните по-русски:

1. первый класс   6. предварительно

2. задумываться   7. пассажир

3. каюта   8. рекламировать

4. Астрахань (ж.)   9. многое

5. касса   10. речной вокзал

F. Дайте видовую пару (если есть) и управление:

1. задумываться   5. информировать

2. оказываться   6. купить билет

3. зависеть   достать билет

4. следовать   7. отправиться

G. Раскройте скобки.

1. Каюта оказалась (маленькая, большая, дешёвая, грязная, пустая).

2. Все купили билеты (кино, концерт, этот фильм).

3. Всё зависит (его решение; то, что она скажет; то, что вы хотите сказать)

4. (Все; Вы; Ты; Твои дети) следует быть более (внимательный)

5. Все мои друзья отправились (путешествие по Волге; экскурсия по городу; поход на лыжах).

H.   Составьте предложения по образцу:

ОБРАЗЕЦ:

Эти путешествия стали популярными. Нельзя купить билет в первый класс.

Путешествия стали настолько популярны, что нельзя купить билет в первый класс.

---

1.   Этот певец стал популярным. Нельзя достать билеты на его концерты.

2.   Эта певица стала популярной. Нельзя достать билеты на ее концерты.

3.   Эти писатели стали популярными. Нельзя достать их книги.

I.   Замените подчёркнутые причастия:

1.   Мы задумываемся над тем, как провести <u>предстоящий</u> отдых.

2.   Проведите предстоящий отпуск на пассажирских судах, <u>курсирующих</u> по Волге.

3.   Многие, ранее <u>полагавшие,</u> что на волжский пароход не достать билеты, пришли бы заранее в центральные кассы.

J.   Какая разница между словами *многое* и *многие?* Найдите в статье предложения с этими словами и выпишите их.

1. _____

_____

2. _____

3. _____

_____

K.   Составьте предложения по образцу:

ОБРАЗЕЦ: Мы ехали из Москвы в Астрахань.
          От Москвы до А́страхани билет сто́ит недорого.

1.   Мы ехали из Москвы в Каза́нь.
2.   Мы ехали из Москвы в Су́здаль.
3.   Мы ехали из Москвы в Яросла́вль.
4.   Мы ехали из Москвы в Баку́.
5.   Мы ехали из Москвы в Со́чи.
6.   Мы ехали из Москвы в Симферо́поль.
7.   Мы ехали из Москвы в Севасто́поль.

L. 1. Поставьте вопрос к подчёркнутому слову:

Проезд в каютах третьей категории в <u>четыре раза</u> дешевле.

2. Составьте предложения:

а. Его дом *(2 раза, 5 раз, 3 раза)* больше нашего.
б. Он   *(2 раза, 3 раза)* старше меня.
в. Она говорит *(10 раз)* лучше, чем пишет.
г. Это будет *(100 раз)* лучше.

3. Поставьте вопрос к подчеркнутым словам:

а. <u>27 мая</u> по маршруту Москва—Астрахань отправится теплоход «Сергей Есенин».

б. 27 мая по маршруту <u>Москва—Астрахань</u> отправится теплоход «Сергей Есенин»».

в. 27 мая по маршруту Москва—Астрахань отправится теплоход <u>«Сергей Есенин»»</u>.

4. Раскройте скобки:

Теплоход «Сергей Есенин» отправится: (21/V; 22/IV; 3/V;   4/VII; 23/VI;   6/IX)

M. Закончите предложения:

1. Далеко не просто   а) ....
                           б) ....
                           в) ....
                           г) ....
                           д) ....

2. Почему бы сегодня   а) ....
                           б) ....
                           в) ....
                           г) ....
                           д) ....

3. Многое зависит   а) ....
                           б) ....
                           в) ....
                           г) ....
                           д) ....

4. На мой взгляд   а) ....

                           б) ....

                           в) ....

                           г) ....

                           д) ....

5. Мы постараемся, чтобы   а) ....

                           б) ....

                           в) ....

                           г) ....

                           д) ....

6. Это в четыре раза   а) ....

                           б) ....

                           в) ....

                           г) ....

                           д) ....

7. На   а) ....не достать билеты.

      б) ....

      в) ....

      г) ....

      д) ....

8. Все без исключения   а) ....

                         б) ....

                       в) ....

                       г) ....

                       д) ....

N. СЛОВООБРАЗОВАНИЕ:

Find words in the text which contain the following roots. Learn the additional words and compose sentences with them.

1. ЛИЦ +, ЛИК +, ЛИЧ + _____

    лик   — countenance, face
       двуликий   — two-faced, double faced

      личность   — personality
      личный   — personal
      личные местоимения   — personal pronouns
        поличное (поймать с поличным   — to catch red handed)

отлича́ть\отличи́ть + **кого-что от кого-чего?**— to distinguish, differentiate
отлича́ться\отличи́ться+**чем?** — to distinguish oneself, to excel
   отли́чный — excellent
отли́чник/отли́чница — a "straight-A" student
   с отли́чием — with distinction

   различа́ть\различи́ть +**кого-что?** — to discern, make out, distinguish
   разли́чие — difference
      разли́чный — different (from each other)
         безразли́чный — indifferent
            Мне безразли́чно. — It's all the same to me.

нали́чие — presence
   нали́чный — on hand, available
   нали́чные (де́ньги) — cash

лицо́ — face   (цифербла́т (*face*) of a clock/watch)
   ли́чико

      Не к лицу́ (**кому?**) — unbecoming

      лицеме́рить — to be a hypocrite
         лицеме́р — hypocrite

2. ГЛЯД+, ГЛЯЖ+, ГЛЯН+_____

гляде́ть\ $\begin{Bmatrix} \text{погляде́ть} \\ \text{гля́нуть} \end{Bmatrix}$ + **на кого-что?** — to glance, look at

Куда́ глаза́ гляди́т. — Wherever / Where your eyes take you.

вы́глядеть (*impfv. only*)[1] + **как? (каки́м? како́й?)** — to look, appear; to seem

выгля́дывать\вы́глянуть + **отку́да? (из чего?)** — to look out (*of*)

огля́дываться\огляну́ться — to look back, to look behind oneself

взгля́дывать\взгляну́ть+**на кого-что?** — to look at, cast a glance

взгляд — look, glance, view, opinion   взгля́ды на жизнь
                              на мой взгляд
                              любо́вь с пе́рвого взгля́да

загля́дывать\загляну́ть+ **куда́? (к кому?)** — to look in on, visit

нагляде́ться *pfv.* **на кого-что?** — to see enough of (*to feast one's eyes on*)
   нагля́дный — clear, graphic, obvious, visual
      нагля́дное посо́бие — visual aid (for teaching)

---

[1]*This is the only imperfective verb in Russian with stress on the prefix* вы́-

O. **Употребите слова с корнем ЛИК-** (лиц-; лич-)

1. Это моё _____ мнение.

2. Между ними большое _____ в характере.

3. У нас _____ взгляды на жизнь.

4. Ты просто не умеешь _____ хорошего от плохого.

5. Санкт-Петербург _____ от других русских

  городов своей архитектурой.

6. Мне _____ (I don't care) .

7. Как они _____ друг от друга.

8. Я хочу подчеркнуть _____ между нашими системами.

9. Это его _____ дело.

10. У вас есть удостоверение _____ ?

11. Поговорите с ним _____ .

12. Этот учитель _____ справляется со всеми учениками.

13. Его поймали с _____ .

14. Как _____ слово «наличие» от слова «присутствие»?

15. Он купил новую машину _____

16. Их дети _____ . Они получают одни «пятёрки».

17. Погода сегодня _____ .

18. Вам _____ такие поступки.

Употребите слова с корнем ГЛЯД- (гляж-; глян-)

19. Ты к ним не _____ сегодня?

20. Он ещё подросток, но _____ он взрослым.

21. Кто это там _____ из окна?

22. _____ под стол. Карандаш, может быть, упал туда.

23. Как я _____ ?

24. Наш преподаватель очень старомодный. Он никакими

  _____ _____ не пользуется.

25. У её мужа очень прогрессивные _____

26. Мы _____ и увидели, что за нами никого нет.

27. Говорят, что его жена такая красивая, что нельзя на нее

  _____ .

28. —Почему вы к нам никогда не _____ .

29. Он брёл куда_____ .

P. The words in the following groups are related either by concept (meaning) or by
    common roots. How do the words in each group differ from each other in meaning
    and usage:

    1. оглянýться — осмотреться
    2. отсутствие — присутствие — наличие
    3. наступление — приход — приезд — прибытие
    4. вид — взгдяд
    5. путешествие — поездка — езда
    6. теплоход — пароход — катер — корабль — лодка
    7. каюта — кабина
    8. личный — лишний — частный — персональный — собственный
    9. продажа — распродажа
    10. полагать — предполагать — думать
    11. достать — приобрести — получить
    12. уехать — отправиться — отъехать — поехать
    13. в течение — во время
    14. постараться — попробовать — попытаться
    15. свободный — бесплатный
    16. вы́гляжу — вы́глажу — гляжý — гла́жу
    17. затéм — потóм — пóсле
    18. частный — частый

Q. Read the following letter which appeared in «Огонёк». Compose an imaginary
    dialogue between Mr. Bazhenov and Ms. Grebenikov in which Mr. Bazhenov tries to
    convince Ms. Grebenikov to purchase a third- or fourth-class ticket. Think up
    reasons why Ms. Grebenikov would not like to purchase a third- or fourth-class
    ticket

> Почему каждый год повышается стоимость туристических путёвок? Путешествие по Волге Москва — Волгоград — Астрахань лет восемь назад стоило 160 рублей, затем 370, а сегодня уже - тысячи. Посчитайте, путешествие вдвоем обойдется в несколько тысяч рублей, а семье в три человека (мы за семейный отдых) — вообще недоступно. Кто может это себе позволить? Из каких расчётов устанавливают цены? Можно догадаться: получить больше прибыли. А нам что же, год не есть, не пить, не одеваться, чтобы посмотреть окрестности Волги-матушки? За границу и то путевка дешевле.
>
> В. И. ГРЕБЕННИКОВА
> Симферополь

R. **Vocabulary Review:**

Глаголы:

брести (куда?)
взгля́дывать \ взгляну́ть
вы́глядеть + каким?
выгля́дывать / вы́глянуть
гляде́ть \ погляде́ть
зави́сеть от кого-чего?
загля́дывать \ загляну́ть
заду́мываться \ заду́маться
информи́ровать + кого?
курси́ровать
лицеме́рить
наде́яться на кого-что?
нагляде́ться на кого-что?
огля́дыватся \ огляну́ться
ока́зываться \ оказа́ться
осма́триваться \ осмотре́ться
отлича́ть \ отличи́ть
отправля́ться \ отпра́виться
отъезжа́ть \ отъе́хать
пла́вать
полага́ть
предполага́ть
приглаша́ть \ пригласи́ть +
    кого + куда?
про́бовать \ попро́бовать
проводи́ть \ провести́ что?
пыта́ться \ попыта́ться
различа́ть \ различи́ть
сле́довать
стара́ться \ постара́ться
формирова́ться \ с-

Имена существительные:

взгля́д
вид

исключе́ние
каби́на
катего́рия
каю́та
лик
ли́ния
лицеме́р
лицо́
ли́чико
ли́чность
ло́дка
местоиме́ние
мно́гое
нали́чие
наступле́ние
навига́ция
отбы́тие
отправле́ние
отсу́тствие
отъе́зд
паро́ходство
певе́ц (певцы́, певцо́в)
певи́ца
пое́здка
поли́чное
прибы́тие
прие́зд
прису́тствие
прихо́д
прода́жа
прое́зд
путеше́ствие
распрода́жа
разли́чие
су́дно
теплохо́д

Имена прилагательные:

беспла́тный
безразли́чный
внима́тельный
гря́зный
деше́вле
дешёвый
двули́кий
ли́чный
ли́шний
нагля́дный
недорого́й
невысо́кий
отли́чный
персона́льный
предвари́тельный
предстоя́щий
разли́чный
ре́йсовый
речно́й
свобо́дный
ча́стный
ча́стый

Предлоги:

в тече́ние
во вре́мя

Наречия:

далеко́
насто́лько
нере́дко
почти́

ДОПОЛНИТЕЛЬНОЕ:

> ВИД —*look, sight, appearance, view, means, type, aspect*
> ВЗГЛЯД — *glance, look, view, stare, gaze, opinion, point of view*

Дайте английские эквиваленты нижеприведённых словосочетаний и объясните по-русски их смысл. Постарайтесь составить предложения или «мини-диалоги» с этими словосочетаниями:

1. больной вид
2. внешний вид
3. болезненный вид
4. здоровый вид
5. мрачный вид
6. общий вид
7. солидный вид
8. прекрасный вид
9. ужасный вид
10. унылый вид
11. трезвый вид
12. испуганный вид
13. привлекательный вид
14. смешной вид
15. не/совершенный вид
16. задумчивый вид
17. вид на город
18. вид на море
1?. вид на жительство
20. вид отсюда
21. вид из окна
22. вид связи
23. вид растений
24. вид спорта
25. вид транспорта
26. вид оружия
27. вид на го́ры
28. с/делать вид
29. подозрительный вид
30. быть у всех на виду́

31. открытки с видами города
32. не подавать/подать ви́да (ви́ду)
33. терять/по- из вида (и́з виду)
34. упускать/упустить из ви́да (и́з виду)

Закончите предложения:

1. Это новый вид _____

2. Это неизвестный вид_____

3. Отсюда прекрасный вид на _____

4. Это популярный вид _____

5. Это полезный вид _____

6. Это особый вид _____

7. Купи открытки с видами _____

8. Какие у него взгляды на _____

_____

_____

_____

_____

Употребите словосочетания со словом «взгляд»

1. Учитель посмотрел на меня **внимательно**.
   Учитель посмотрел на меня ....

2. Преступник посмотрел на судью **тупо**: он чего-то не понимал.
   Преступник посмотрел на судью..

3. Девушка посмотрела на меня **задумчиво** и отвернулась.
   Девушка бросила на меня .... и
   отвернулась.

4. Он сразу же влюбился в нее. Это была любовь ....

5. Мы увидели своего старого учителя и сразу узнали его. Мы его узнали с
   ....

6. Вы его увидите и скажете, что он нездоров. При........................... можно
   сказать, что он нездоров.

7. Она показалась весёлой и энергичной; но на самом деле у неё был мрачный характер. На.. она казалась весёлой и энергичной.

8. В зрелом возрасте люди начинают думать о жизни по-другому. У них меняются ....

9. Вы думаете так, а я думаю по-своему. У нас. ....

10. Если вы думаете, что никакой перестройки не будете, вы ошибаетесь. У вас ....

11. Так думали 20 лет назад. Вы не идёте в ногу со временем. У Вас такие ....

12. Она не согласна с тем, что я думаю о политике. Мы расходимся ....

13. Мы любим ту же литературу и музыку. Мы сходимся. ....

14. Они думают, что детей нужно воспитывать построже. Я не разделяю таких ....

15. Что вы думаете о событиях в восточной Европе? Какие у вас ....

Выберите: | вид / взгляд |

16. Вам надо отдохнуть. У вас плохой ....

17. У него такие подозрительные ....

18. Мы купили прекрасный альбом с прекрасными .... Санкт-Петербурга.

19. С нашего балкона открывается изумительный .... на три моста.

20. Нам всем известны реакционные .... сторонников холодной войны.

21. Несмотря на различие ...., мы настоящие друзья.

22. Увидев издалека приятеля, я его окликнул, но он сделал ...., что не замечает меня.

23. Почему ты смотришь на меня таким вопросительным.........................? Ты чего-нибудь не понимаешь?

24. Приходить на работу в нетрезвом .... запрещается.

| Употребите синонимичные словосочетания со словом «*вид*» |

25. *Вы выглядите ужасно, вы, наверное, совсем не спали.*
26. *Вы выглядите больным. Что с вами? Вы нездоровы?*
27. *Вы выглядите прекрасно! Трудно поверить, что вы больны.*
28. *Почему вы такая задумчивая?*
29. *Почему вы такая унылая?*
30. *Почему вы такой серьёзный?*

31. *Вы выглядите растерянным. Что с вами?*

Употребите идиомы со словом «*вид*»

---

34. *Сделай вид, что не знаешь о его несчастье.* ...., *что знаешь о его несчастье.*

35. *Вы не упомянули о самом важном.* Вы....................*самое важное.*

Составьте предложения по образцу:

ОБРАЗЕЦ: Мы ехали в поезде и смотрели в окно на Гудзо́н.
            Из окна поезда открывался великоле́пный вид на Гудзо́н.

36.   Мы ехали в поезде и смотрели в окно на Средизе́мное мо́ре.
37.   Мы ехали в поезде и смотрели в окно на Мексика́нский зали́в.
38.   Мы ехали в поезде и смотрели в окно на Скали́стые горы.
39.   Мы ехали в поезде и смотрели в окно на небоскрёбы Манхэ́ттэна.
40.   Мы ехали в поезде и смотрели в окно на море.
41.   Мы ехали в поезде и смотрели в окно на большой водопа́д.
42.   Мы ехали в поезде и смотрели в окно на озеро.

Дайте английские эквиваленты нижеприведённых словосочетаний и объясните по-русски их смысл. Постарайтесь составить предложения или «мини-диалоги» с этими слово-сочетаниями:

1. бледное лицо
2. загорелое лицо
3. важное лицо
4. заплаканное лицо
5. измождённое лицо
6. действующие ли́ца
7. посторонние ли́ца
8. неподвижное лицо
9. тупое лицо
10. частное лицо
11. дове́ренное лицо
12. истори́ческое лицо
13. отве́тственное лицо
14. подставно́е лицо
15. подозри́тельное лицо
16. зага́дочное лицо

17. показа́ть своё (настоящее) лицо
18. исчеза́ть\исче́знуть с лица́ земли
19. не ударить в грязь лицом
20. На тебе лица́ нет.
21. Я её в лицо не знаю.
22. Их нужно стере́ть с лица́ земли.

Подберите определения к слову «*лицо*»

со следами слез   Почему у ребенка такое_____

персонаж   В этой пьесе только одно _____
                           два _____

Она долго сидела на солнце. У нее такое _____

специально подо́бранный человек _____ лицо.

не меняет своего выражения У всех были _____

*полное отсутствие выражения, эмоции,
свидетельствует об умственной ограниченности.* _____

человек, который чем-то руководит (заве́дует)

или за что-то отвечает   Кто здесь _____?

человек, который, вы думаете, на руку не чист. _____ лицо.

чужие (не свои) люди _____ вход запрещается.

_____ вход в «Берёзку» воспрещён.

таинственный человек; человек,
которого трудно понять   Для нас всех он остался _____.

Пётр Первый, Екатерина Первая,
Сталин, Ленин,   _____ лица

человек, которому вы что-то поручили _____ лицо

«большая шишка»   Отец его невесты очень _____

Подберите русские эквиваленты со словом «лицо»

1. At last he's shown his true colors.
2. What happened? You're as white as a sheet!
3. He was trying to put his best foot forward.
4. Everyone's heard about him, but no one knows him by sight.
5. They've disappeared off the face of the earth.
6. We'll wipe them off the face of the earth.
7. That's your color.
8. That's color doesn't look good on you.

Подберите близкие по значению словосочетания со словом «лицо»

1. показать свою лучшую сторону _____

2. показать свою худшую сторону _____

3. Он выглядит ужасно (кошмарно) _____

4. знать кого-то по внешнему виду_ _____

5. уничтожить, истребить _____

6. Вы хорошо выглядите в этой рубашке (в этом платье / в этом костюме) _____
_____

Употребите словосочетания со словом *«лицо»*

7. Все действующие _____ этой пьесы — женщины.

8. Торговцы наркотиками действуют через _____.

9. Торговцев наркотиками нужно _____

10. На суде преступник показал свое _____.

11. Что с тобой случилось? На тебе _____!

12. Я здесь не представляю никакой организации. Я _____.

Дополнительное:

1. Прочитайте статью „Агентство Ольги Дугиной" и обратите внимание на следующее:

 а) Маршруты, на которых специализируется агенство Ольги Дугиной.
 б) Происхождение Ольги Дугиной.
 в) Среда, в которой росла Ольга.
 г) Цель, которую упорно преследовала Ольга.
 д) Образование Ольги Дугиной.
 е) Этапы профессиональой жизни Ольги.
 ё) Начало собственного дела.
 ж) Трудности в организации собственного агентства.
 з) Успехи агенства Ольги Дугиной.

Агентство Ольги Дугиной

Эту женщину зовут Ольга Дугина. Она начала свою карьеру, не имея никаких преимуществ, кроме твердой решимости, и за последние полтора года создала процветающее туристическое агентство, которое специализируется на необычных и даже рискованных путешествиях в некоторые самые отдаленные уголки России.

Иностранцы, которые живут в Москве не первый год, те из них, кто любит приключения, с удовольствием воспользуются приглашением Ольги Дугиной, чтобы совершить перелёт на дребезжащем вертолете за Полярный круг, туда, где были лагеря ГУЛАГа, или переночевать на борту атомного ледокола, прокладывающего свой путь из Мурманска к Полярному кругу и обратно.

Ольга Дугина родилась в крестьянской семье. Ее родители переехали из деревни в Москву, чтобы найти работу на заводе, и Ольга росла среди простых и необразованных людей. „Не только одежда, но и выражения лиц этих людей отличались от „интеллигентного общества", - вспоминает она. Ольга училась в простой школе, и на уроках английского языка ей никогда не удавалось добиться похвалы учителя. Чтобы подтянуться по английскому языку, Ольга уговорила маму дать ей деньги для занятий на городских вечерних курсах английского языка.

После трех лет дополнительных занятий на курсах Ольга торжествовала: она получила первое место на районной олимпиаде по английскому языку.

После окончания средней школы она год работала на обувной фабрике имени Парижской коммуны. Дугина узнала адрес „Интуриста" и набралась смелости пойти в отдел кадров, несмотря на закрепившуюся за „Интуристом" репутацию организации, которая никогда не набирает своих сотрудников „с улицы". „Вы уверены, что у вас ничего для меня нет? Я знаю английский", - сказала она. - „А что ты еще умеешь делать?" - спросила секретарша, все же пожалев девушку. - „Я умею печатать на машинке". И этот ответ наконец растопил лед.

Семь лет она проработала в машбюро. Возвращаясь из заграничных поездок, интуристовские гидессы - в глазах Дугиной, „шикарные", воспитанные и уверенные в себе" - раздавали сувениры. „Маленькое сомбреро было для меня Мексикой, а полиэтиленовая шапочка для душа или кусочек мыла из гостиницы — Нью-Йорком", — вспоминает она.

Следующий взлет в ее карьере произошел позже, когда она попала на курсы гидов-переводчиков английского языка в „Интуристе". Там она и работала гидом до рождения сына три года назад.

Хорошо было сидеть дома с ребенком, но на заработки мужа - школьного учителя - не проживешь. Оставив ребенка на попечение свекрови, начала работать гидом по договорам с независимыми туристическими агентствами, которые к тому времени создали ее бывшие коллеги. Поработав год на других и понаблюдав за их работой, Дугина поняла, что может делать то же самое самостоятельно.

Из-за отсутствия путеводителей по многим из выбранных Дугиной маршрутам ей приходилсь рыться в библиотеках в поисках материалов для рекламных брошюр своих туров. Каждый новый маршрут она изучала лично, сама делала цветные фотографии и подбирала гостиницы и гидов.

Все прибыли, которые получала новая туристическая компания, вкладывались в дело. Штат бюро расширился - помимо внештатного бухгалтера, появились помощник и курьер, было приобретено новое оборудование - компьютер, лазерный принтер и три факса, включая спутниковую связь.

А недавно Американская ассоциация туристических агентов заказала для своих членов тур по городам в верховьях Волги. „Это настоящий переворот. Все были удивлены, что такая серьезная организация заказала тур у такой новой компании, как моя", - считает Ольга Дугина.

Айрин Эртугрул, американская журналистка

Задания:

1. Переведите подчеркнутые фразы и предложения на английский язык.

2. Письменное задание: Америку всегда считали страной неограниченных возможностей. Стала ли теперь Россия, по вашему мнению, такой страной?

A. Подготовка к чтению:

Знаете ли вы следующие слова и выражения?

1. на глаза́х
2. циа́нистый ка́лий
3. суть *(ж.)*
4. вскользь
5. сре́дство
6. отча́яние
7. умолча́ть

8. вы́нужден (вынужда́ть\вы́нудить)
9. догова́ривать
10. произноси́ть\произнести́ что?
11. предпочита́ть\предпоче́сть
12. не по си́лам
13. лишённый (лиша́ть\лиши́ть)
14. охва́чен

КОМУ УЧИТЬСЯ В КОЛЛЕДЖАХ?

О трагичном случае, который произошёл в городе Амхерсте американского штата Массачусетс, сообщило агенство Ассошиэйтед пресс: во время театрализованного представления в местном колледже 17-летний Эндрю Герман на глазах у зрителей выпил стакан лимонада с цианистым калием и тут же на сцене скончался. Перед этим он прознёс «длинную тираду, содержащую резкую критику системы приема в колледжи».

Буржуазное агенство предпочло умолчать о сути высказываний Эндрю Германа, вскользь упомянув только, что в школе он был первым учеником по математике, физике и химии. Однако, в феврале юноша был вынужден бросить учёбу.

То, о чем не договаривает официальное агенство, давно известно. В современной Америке молодым людям без средств образование просто не по силам. Ведь даже в самых обычных колледжах нужно пла-

тить до двух тысяч долларов в год за посещение лекций и лабораторий, пользование читальными залами и тому подобное. А тому, кто нуждается в общежитии, надо заплатить еще столько же.

Трагедия Эндрю Германа типична для США. Это и протест, и жест отчаяния, которым охвачены сегодня миллионы молодых американцев, лишённых и пра́ва на образование, и права на труд.

О. ШИШКИНА
«ВМ»

B. Объясните по-русски:

1. зритель
2. представление
3. цианистый калий
4. скончаться
5. тирада
6. агенство

7. система приема в ко́лледж
8. юноша
9. учёба
10. люди без средств
11. общежитие
12. иметь право

C. Дайте видовую пару (если есть) и проспрягайте:

1. сообщить
2. содержать
3. договаривать
4. предпочесть

5. нуждаться
6. упомянуть
7. скончаться
8. платить

9. лишить

D. Дайте примеры управления:

1. предпочесть
2. умолчать
3. лишить

4. платить
5. сообщить
6. нуждаться

E.   Give the verb from which the following verbal adjectives and adverbs are formed:

1. театрализованный_____ .

2. упомянув   _____ .

3. содержащий   _____ .

4. охвачен   _____ .

5. лишён   _____ .

6. вынужден   _____ .

F.   Give English equivalents for the underlined phrases:

1. <u>До этого</u>
   <u>Перед этим</u> он произнёс длинную тираду.

2. <u>На глазах у зрителей он выпил</u> стакан лимонада с
   цианистым калием и <u>тут же</u> на сцене скончался.

3. <u>А тому, кто нуждается в общежитии</u>, нужно заплатить
   <u>столько же</u>.

4. Это <u>и</u> протест, <u>и</u> жест отчаяния.

5. Они лишены <u>и</u> права на образование, <u>и</u> права на труд.

6. <u>Это то, о чем не договаривает</u> официальное агенство.

7. <u>Молодым людям без средств образование не по силам.</u>

8. Они платят за посещение лекций и лабораторий, пользование читальными залами <u>и тому подобное.</u>

G. СЛОВООБРАЗОВАНИЕ

Find words in the text which contain the following roots. Learn the additional words
with these roots and compose sentences or dialogues with them.

1. КОН+_____
   конец
       сводить\свести концы́ с конца́ми — to make ends meet
       в конце́ концо́в — in the end; after all
       биле́т в оба конца́ — a round-trip ticket

   ко́нчик — tip
          ко́нчик языка́
    коне́чный — final, ultimate
          коне́чность — extremity
   бесконе́чный — endless; infinite
          бесконе́чность — endlessness, infinity
   кончи́на — demise, end
    поко́нчить с собой (pfv. only)   — to commit suicide
   конча́ть\ко́нчить + что? (или +делать что?) — to finish
   конча́ться\ко́нчиться — (3rd person only)

оканчивать\окончить + **что?** — to finish, to end
  окончание — ending (*gram.*); end, ending, termination
    окончательный — final, definitive
      окончательно — finally

2. ОБЩ+ _____

общий — common, general
в общем — on the whole, in general
вообще — on the whole, in general, always, altogether
общаться\пообщаться **с кем?** — to associate with, mix with
  общительный — sociable
  общение — intercourse; relations; links

общество — society, association, company
  общественный — social, public
  общественность — the community, public opinion

сообщать\сообщить + **кому?** + **что?** (**и о чём?**)
  сообщение (**о чём?**) — communication
  сообщник (сообщница) — accomplice, accessory

3. ЧТ+ _____

чтение — reading (in general)
чёткий — precise, clear, distinct
чётко — Пишите чётко! Write legibly.
чётный / нечётный — even / odd (*number*)
  читать\ + { прочесть / прочитать } (**кому?**) — + { **что?** / **о чём?** }
  читальня — reading room

считать\сосчитать + **кого-что?** — to count
Сосчитайте от одного до десяти! — Count from one to ten.
  счёт — score, account, bill; счёты— scores (*figurative-pl. only*)
    сводить\свести счёты — to get even
    в два счёта — in a jiffy
  счета — bills
  счёты — abacus

  чётки — rosary beads
  счётчик — meter   счётчик Гейгера — Geiger counter

считать\счесть + **кого-что кем-чем?** — to consider
считаться + **кем-чем?** — to be considered

считаться\счесться + **с кем-чем?** — to settle accounts, reckon
«Свои люди — сочтёмся» "It's OK. We'll settle up someday."
  Он ни с кем не считается. He has no consideration for anyone.

предпочтительно — preferably
предпочтение — preference

рассчи́тывать *(impfv. only)* + **на кого-что?**   —   to count on, rely on

рассчитываться\ + { рассчита́ться—   to settle accounts
расче́сться (разочту́сь, разочтёшься)   **с кем-чем?**

Разочтёмся!
Рассчита́емся!   Let's pay, settle up!

расчёт   —   calculation, computation, estimate
хозрасчёт   —   self-management

расчётное время   —   at the designated *(calculated)* time

расчётливый   —   thrifty, economical, careful

Н. ОТВЕТЬТЕ НА ВОПРОСЫ:

1. Что можно **сообщить** кому-нибудь?

2. С кем можно **общаться**?

3. Какая разница между **концом** и **окончанием**?

4. Что можно **сосчитать**?

5. Когда мы говорим «**Рассчитаемся!**»?

6. С кем можно найти **общий** язык?

7. Как можно **покончить** с собой?

8. Что можно **окончить**?

9. Где можно увидеть **счёты**?

10. Какие вы обычно получаете **счета́**?

11. Как ведёт себя **расчётливый** человек?

12. Что такое **общественный** деятель?

13. Что может **кончиться**?

14. Как ведёт себя **общительный** человек?

15. На кого можно **рассчитывать**? А на что?

16. С кем можно не **считаться**?

17. Что такое «**чётное** число»? А «**нечётное**»?

18. . С кем мы обычно **сводим счёты**? За что?

I.   Составьте предложения по образцу:

1. ОБРАЗЕЦ: Он мой друг.
           Я считаю его моим другом.

Он мой враг.	Он большой трус.
Он хулиган.	Он преступник.
Он сумасшедший.	Он злой.
Он добрый.	

2. ОБРАЗЕЦ: Она мой друг.
           Я считаю её моим другом.

Она злая.	Она добрая.
Она талантливая.	Она хорошая танцо́вщица.
Она неинтересная.	Она хороший педагог.

J.   Заполните пропуски подходящими словами:

1. Я предпочитаю _____ Достоевскому.

2. Она предпочитает _____ югу.

3. Я предпочитаю лёгкую атлетику _____ .

4. Они предпочитают _____ жаре.

5. Мы предпочитаем _____ шахматам.

6. Почему вы предпочитаете _____ Кавказу?

7. Все предпочитают осень _____ .

K.   Дайте английские эквиваленты нижеприведённых словосочетаний и объясните по-русски их смысл. Постарайтесь составить предложения или «мини-диалоги» с этими словосочетаниями:

1. бросить жре́бий	10. бросить планы
2. бросить семью	11. бросить друзей
3. бросить бо́мбу	12. бросать камнями
4. бросить спорт	13. бросить камень
5. бросить я́корь	14. бросить письмо
6. бросить учёбу	15. бросить занятия
7. бросить курить	16. бросить скрипку
8. бросить взгляд	17. бросить на произвол судьбы
9. бросить пить	18. бросать слова на ветер

L. The following words are either similar in meaning or similar in form. How do they differ from each other?

1. представление — исполнение — спектакль
2. резкий — острый
3. ученик/ученица — ученый — студент/ка — аспирант/ка
4. перед этим — до этого
5. произнести — произвести
6. случай — происшествие
7. случаться — происходить

M. Дайте английские эквиваленты нижеприведённых словосочетаний и объясните по-русски их смысл. Постарайтесь составить предложения или «мини-диалоги» с этими словосочетаниями:

1. бесклассовое общество
2. тайное общество
3. добровольное общество
4. высшее общество
5. капиталистическое общество
6. образованное общество
7. передовое общество
8. общество будущего
9. преобразование общества
10. феодальное общество
11. общество учёных
12. общество любителей животных

N. Combine appropriate nouns from the right column with the verbs in the left column. Nouns may be used more than once. Add any necessary words, and put the nouns in the appropriate case.

1. пользоваться _____
2. считать _____
3. учиться _____
4. платить_____
5. лишиться _____
6. изучать_____
7. произнести_____
8. предпочитать_____
9. заниматься_____

1. библиотека
2. легкая атлетика
3. маленький колледж
4. математика
5. право
6. речь
7. родители
8. слово
9. случай
10. тирада
11. счеты
12. учебник
13. возможность
14. история
15. читальный зал
16. тост
17. счета

O. Дайте английские эквиваленты нижеприведённых словосочетаний и
объясните по-русски их смысл. Постарайтесь составить предложения
или «мини-диалоги» с этими словосочетаниями:

1. общая комната
2. общие интересы
3. общая цель
4. общее благополучие
5. общее правило
6. общая сумма
7. общая судьба
8. найти общий язык
9. общий результат/итог
10. общая кухня
11. общий вес
12. общее впечатление
13. общее образование
14. общие фразы
15. Я с ними ничего общего не имею.

P. Match the adjectives on the left with the nouns on the right.

1. резкий

2. общий

3. официальный

4. современный

5. типичный

6. расчетливый

1. студенты _____

2. тирада _____

3. критика_____

4. трагедия_____

5. агенство_____

6. общество_____

7. пользование _____

Q. Vocabulary Review:

Глаголы:

бросáть\брóсить кого-что?
договáривать
имéть прáво
кончáться\кóнчиться
кончáть\кóнчить что?
лишáть\лишúть кого? + чего?
нуждáться в чём?
окáнчивать\окóнчить что?
платúть\заплатúть кому? за кого-
что?
покóнчить с собой
предпочитáть\предпочéсть кого-
что кому-чему?
происходúть\произойтú
произносúть\произнестú что?

рассчúтывать на кого-что?
рассчúтываться\рассчитáться + с
кем-чем?
сводúть концы́ с концáми
сводúть\свестú счёты + с кем?
скончáться
содержáть
сообщáть\сообщúть кому? о чём?
что?
считáться кем-чем?
считáться с кем-чем?
умолчáть о чём?
упоминáть\упомянýть о ком-чём?
читáть\прочéсть что?

Имена существительные:

агенство
бесконечность
враг
высказывание
деятель
жест
зритель
кончик
кончина
критика (чего?)
колледж
лёгкая атлетика
лимонад
общежитие
общественность
образование
окончание
отчаяние
педагог
пользование (чем?)
посещение
предпочтение
представление
преступник
приём
протест
расчёт
расчётное время
система
случай
сообщение
сообщник
сообщница
средство
стакан
суть *(ж.)*
счета
счёты
танцовщица
тирада
трагедия
труд
трус
ученик
учёба
хулиган
цианистый калий
чётки
читальный зал
шахматы
юноша

Имена прилагательные:

бесконечный
буржуазный
вынужденный
длинный
злой
конечный
лишённый (чего?)
местный
общий
официальный
охваченный
расчётливый
резкий
современный
сумасшедший
театрализованный
типичный
трагичный
чёткий
чётный / нечётный

Другое:

в конце концов
в общем
вообще
вскользь
известно
не по силам
однако
предпочтительно
тому подобное
чётко

ДОПОЛНИТЕЛЬНОЕ:

I. Подберите синонимы из правой колонки. Используйте все слова:

_____ 1. объявить	а. сообщить
_____ 2. спектакль	б. общаться
_____ 3. несомненно	в. кончина
_____ 4. разговаривать	г. конечный
_____ 5. завершить	д. конечно
_____ 6. передать	е. кончить
_____ 7. встречаться	ж. бесконечный
_____ 8. смерть	з. покончить с собой
_____ 9. разделаться	и. покончить
_____ 10. без сомнения	й. скончаться
_____ 11. безграничный	к. считать
_____ 12. убить себя	л. общительный
_____ 13. рассчитывать	м. расчётливый
_____ 14. свет	н. счета
_____ 15. предполагать	о. лишить
_____ 16. дружелюбный	п. умереть
_____ 17. экономный	р. юноша
_____ 18. долги	с. люди без средств
_____ 19. отнять	т. зрители
_____ 20. умереть	у. представление
_____ 21. парень	ф. отчаяние
_____ 22. молодой человек	х. резкий
_____ 23. нищие	р. типично
_____ 24. публика	ч. общество
_____ 25. острый	ш. надеяться

II. А. Подготовка к чтению. Дайте глаголы, от которых образованы следующие существительные и причастия.

1. стажировка - _____   6. помощь - _____

2. поддержка - _____   7. развитие -_____

3. организация -_____   8. одобрён- _____

4. название - _____   9. намерены- _____

5. решение - _____   10. направлен- _____

В. Объясните по-русски:

1. сотня, -и   9. собственное дело

2. опыт   10. партнерство

3. стажировка   11. одобрить

4. предприниматель, -и   12. планировать

5. безработица   13. отбирать

6. конверсия   14. отправить

7. оборонная промышленность   15. обучить

8. конкурс   16. оказать помощь

C. Прочитайте статью „Партнёрство" и расскажите ее.

ПАРТНЕРСТВО

Сотни молодых специалистов из России в ближайшее время смогут на практике изучить опыт американского бизнеса.

Программа „Партнерство" планирует стажировку в США десяти тысяч российских предпринимателей. Эта программа была одобрена в апреле прошлого года во время встречи президентов Бориса Ельцина и Билла Клинтона. Она направлена на поддержку среднего и малого бизнеса России, решение проблем безработицы, конверсию оборонной промышленности.

Вначале на специальных конкурсах отберут 250 кандидатов, которых затем отправят на 4-6 недель в ведущие фирмы США. Авторы программы, которая имеет и второе название - „Бизнес для России", намерены не только обучить российских предпринимателей, но и оказать им помощь в организации и развитии собственного дела.

«Московские новости»

III.   A. Подготовка к чтению. Знаете ли вы следующие сокращения?

УВД - Управление внутренних дел

Бомж- (человек) **без определённого места жительства**

B. Дайте синонимы.

1. комментировать - _____

2. огромное количество - _____

3. сводить счёты с жизнью - _____

4. подтверждать - _____

5. тенденция - _____

6. парадокс - _____

C. Прочитайте статью и ответьте на следующие вопросы:

1. Когда количество самоубийств возрастает?

2. О какой части России идет речь?

3. Какова статистика самоубийств?

4. Какие люди чаще всего сводят счёты с жизнью?

5. Чем объясняют такую эпидемию американские социологи?

Во время выборов в России растет число самоубийств

Волна самоубийств — 8-9 в сутки нахлынула[1] на Ростовскую область. „Ничего необычного, - комментирует ситуацию начальник УВД А. Титов. —Такое происходит всегда во время выборных кампаний: огромное количество жителей из самых незащищенных слоев населения - бомжи и безработные, студенты и пенсионеры — сводят счеты с жизнью“.

Исследования американских социологов, кстати, подтверждают такую тенденцию и в США. Парадокс, конечно, но объяснимый, вызванный шквалом обещаний, которые всегда дают к выборам партии и политические деятели. Обещания зачастую нереальные, неосуществимые.

В. Ладный
«ВМ»

[1]налетела, накатилась

IV. Прочитайте статью „Знаете ли вы своих детей" и расскажите о том, что вы в ней узнали нового.

ЗНАЕТЕ ЛИ ВЫ СВОИХ ДЕТЕЙ?

Жизнь XXI века будет идти под знаком личной свободы, профессионализма, предприимчивости и самостоятельности (уже сегодня 68,9% опрошенных юношей и девушек хотели бы жить отдельно от родителей). Роль средней школы, по мнению молодых, невелика: она, считают школьники, не готовит к жизни в обществе и в семье, не развивает молодежь физически и нравственно, не воспитывает потребность к самосовершенствованию. Знания, которые дает школа, как считают молодые, не помогают им чувствовать себя взрослыми людьми. „Взрослое" ощущение своего „я" 38,4% опрошенных получат, лишь создав свою собственную семью.

Почти половина опрошенных (46,1%) считает, что основой семьи должен стать духовно-нравственный союз или (47,4%) союз для продолжения рода, который стремится создать почти каждый, кто получил экономическую самостоятельность. Главой семьи станет мужчина (36,2%), но лучше всего, если в семье будет равенство (54,2%).

И только одна треть опрошенных хотела бы, чтобы их будущая семья была похожа на ту семью, в которой они выросли сами. Почему? Ответ на этот вопрос дать трудно. Лишь в 10,2% семей школьников сохранились некоторые традиции, многие же своих родителей авторитетами не считают. И тем не менее 26% школьников с большим уважением относятся к мнению отца, а 39% — матери. Среди главных причин разводов молодые называют а) пьянство и падение нравов, б) измены, в) неподготовленность к семейной жизни, г) психологическую несовместимость, д) недостаточное знание друг друга.

Абсолютное большинства одобряет развитие в России частного предпринимательства, 1,7% — школьников уже имеют свое дело, а 78% - страстно желают этого. Для чего они хотят достичь материального благополучия?

63,8% — собираются заботиться о родителях, развиваться культурно и получать новые знания.

Звучит ли это неожиданно, обнадеживает или настораживает нас? Главное — так ли хорошо мы знаем своих детей, как нам казалось? И чего они заслуживают — осуждения или уважения и внимания?

Е. Андриевская
«Московские новости»

Задания

1. Выпишите вопросы, которые были заданы российским школьникам. Ответьте на эти вопросы.

2. Задайте эти вопросы своим друзьям и расскажите о разнице или сходстве ответов российских и американских студентов.

A. The article below is about a French tour of a Russian theater. Note the following points of information.

    1. The name of the theater.
    2. The place of the opening night.
    3. The titles of the plays performed in Paris.
    4. The versatility of actors.
    5. The definition of art by the theater director.
    6. The director's explanation of the great interest in Russian theater in the West.

«Чем труднее жизнь, тем продуктивнее искусство»

"Клаустрофобия" - новый спектакль Петербургского Малого драматического театра, премьера которого недавно состоялась в Париже. Авторитетная газета "Монд" поместила на первой полосе статью "Свободные дети России," посвящённую этому спектаклю.

Помимо "Клаустрофобии" петербургский театр показал в Париже ещё одну премьеру - "Вишнёвый сад," а также свою классику - "Братья и сёстры," "Звёзды на утреннем небе" и "Гаудеамус." Последний был назван во Франции лучшим иностранным спектаклем года. Восхищают актёры театра, - которые способны на всё, - играют на музыкальных инструментах, поют, танцуют, выполняют акробатические номера.

"Это принцип нашей театральной школы, - говорит режиссёр театра Лев Додин. - Артист должен уметь выражать себя всеми возможными средствами. Несмотря на окружающий мрак, театр не сдаётся, его сила, его живая боль, азарт актёров увлекают зрителей, заражают их энергией. Искусство вообще есть энергия духа.

У нас нет опыта благополучной жизни, но наше неблагополучие рождает творческий импульс. Это важно понимать, потому что в последнее время мы готовы всё признать никуда не годным - и культуру, и театр, и литературу. Но всё это - создания духа, который жив. Отсюда и интерес к нам во Франции, Англии, в других странах. Культура в России есть, - может быть, это немногое из того, что осталось и что может нас спасти."

B. Объясните по-русски:

1. спектáкль /и/
2. премьéра
3. первая полоса /газеты/
4. прúнцип
5. срéдство, а
6. азáрт
7. режиссёр
8. мрак
9. помúмо
10. энéргия
11 дух
12. искýсство
13. твóрческий úмпульс
14 культýра
15. гóдный
16. спосóбный (на)
17. интерéс (к)
18. авторитéтный

C. Дайте видовую пару (если есть) и управление:

1. состояться
2. помещать
3. оставаться
4. хватать
5. внушать
6. выражать
7. выполнять
8. петь
9. танцевать
10 восхищать
11. увлекать
12. заражать
13. рождать
14. признавать
15. спасать
16. сдаваться

D. Ask each other questions in Russian which will elicit the information in the article.

E. Give as many related words as possible.

1. помешать
2. выполнять
3. рождать
4. признавать
5. надежда
6. живой

F. Словообразование: Find words in the text which are based on the following roots. Learn the additional words below which are based on these roots and compose sentences with them.

1. раж-/раз- +_____

выража́ть/вы́разить -- что? кому? чем? в чём? - to express
выражение -- чего? -expression
выражение -- какое?
вырази́тельный -expressive

заража́ть/зарази́ть -- кого? что? чем? - to contaminate, infect
заражение -- чего? contamination, infection
зарази́тельный - contagious
зарази́ться -- чем? от кого? - to get infected, to catch (an illness)

2. год+_____

го́дный — suitable, fit, valid
него́дный — unfit, worthless, good for nothing
негодя́й — scoundrel

вы́года — advantage, gain, profit, benefit, interest
вы́годный — advantageous, profitable, lucrative
вы́годно ≠ невы́годно

годи́ться\пригоди́ться+кому? — to be useful, come in handy
Это никуда (ни на что) не годи́тся.

угожда́ть\угоди́ть $\begin{cases} кому? \\ на кого? \end{cases}$ — to satisfy, make happy
Всем не угоди́шь. На всех не угоди́шь.
You can't make everyone happy.

уго́дно

Что вам уго́дно? — What yould you like?
Как вам уго́дно. — As you please, as you wish.
Куда уго́дно. — Wherever you like.
Что уго́дно. — Whatever you want.

Образец: Что мне купить?

Купите что угодно.

1. Куда мне сесть?

2. Куда мне положить эти книги?

3. С кем мне посоветоваться?

4. Когда мне прийти?

5. Сколько карандашей мне взять?

6. О чём нам говорить?

3. ХИТ- / ХИЩ-_____,_____

хи́щник — beast / bird of prey / plunderer
хи́щный   predatory, rapacious, greedy
похища́ть\похи́тить+кого-что? — to kidnap, abduct, steal, hijack
похити́тель

хи́трый — cunning, crafty, wily; skillful, resourceful
хи́трость — cunning, guile, cunnning, resourcefulness
хитроу́мный — cunning, resourceful
перехитри́ть+кого? — to outsmart (outwit) someone

восхища́ться\восхити́ться + кем-чем? — to admire, be carried away, be delighted (by)
восхища́ть\восхити́ть+кого-что? to enrapture, delight, carry away
восхити́тельный — delightful, ravishing
восхити́тельно
восхище́ние — delight. rapture, admiration
быть в восхище́нии+от кого-чего?

4. Note the various meanings of **сдавать\сдать**:

а. сдавать\сдать+что + { **кому?** **куда?** } — to turn in, to turn over (to)

сдавать багаж в камеру хранения — to check baggage

сдавать (стеклянную) посуду— to return bottles/glassware (for deposit)

сдавать книгу в библиотеку — to return a book to the library

сдавать работы преподавателю — to turn in work to an instructor

*сдавать\сдатьэкзамен(профессору/преподавателю)— to take an exam

(Профессор/преподаватель принимает [gives] экзамен)

*сдава́ть\сдать квартиру/комнату+кому-то— to rent (to someone)

(снимать\снять квартиру/комнату+ у кого-то—to rent from someone)

б. сдаваться\сдаться — to give up; to be for rent

Сдаётся комната. — Room for rent.

Сдаюсь! — I give up!
Сдайся! — Give in (up)!
Не сдамся! — I won't give in (up).

сдача — change   сда́ча с рубля́ — change for a ruble
(cf. разменя́ть рубль — to change a ruble)

G. Придумайте как можно больше разных ответов на каждый из поставленных вопросов.
1. Что можно **выража́ть**?
2. Какие чувства можно **выража́ть**?

3. Кому мы **выражаем благодарность**? Сочувствие?

4. Каким может быть **выражение** лица?

5. Что может быть **выразительным?**

6. Какие русские **выражения** вы знаете, любите?

7. Чем можно **заразиться**?

8. Что может вам **пригодиться**?

9. Чем можно **восхищаться**?

10. Что может быть **восхитительным**?

11. Что такое "**сдача**"? Когда мы её получаем?

12. Что такое "**мелочь**"?

13. Какая разница между **сдачей** и **мелочью**?

H. SITUATIONS

1. You are with a friend in a bus. Ask him/her if he/she has:
   a) any change
   b) change for a ruble.

2. Ask a stranger if he/she can:
   a) change a ruble for you
   b) change 5 rubles for you.

3. You want to buy some ice cream. Ask the salesperson if he/she has:
   a) any change
   b) change for 10 rubles.

4. You want to rent a room and you see a sign "Room for rent" in the window of a house. Knock on the door, inquire about the room, its cost, what conveniences are available, and agree on a price per week.

I. **Vocabulary Review:**

Глаголы:

внуша́ть\внуши́ть -- что? кому?
восхища́ться\восхити́ться+кем-чем?
восхища́ть\восхити́ть+кого-что?
выполня́ть\вы́полнить -- что?
выража́ть\вы́разить -- что?
годи́ться\пригоди́ться+кому?
заража́ть\зарази́ть -- кого? что? чем?
заража́ться\зарази́ться -- от кого?
остава́ться\оста́ться -- где?
петь/спеть -- что? кому?
помеща́ть/помести́ть -- что? кого?
пополня́ть/попо́лнить -- что?
похища́ть\похи́тить+кого-что?
признава́ть/призна́ть-- кого? что?
разме́нивать/разменя́ть -- что?
сдава́ть/сдать -- что?
сдава́ться/сда́ться
снима́ть/снять -- что?
увлека́ть/увле́чь -- кого? чем?
танцева́ть

Имена прилагательные:

акробати́ческий
восхити́тельный
вы́годный
го́дный
гото́в, а, ы + инфинитиф
драмати́ческий
жив, а, о, ы
него́дный
несло́мленный
окружа́ющий
после́дний
продукти́вный
тво́рческий
театра́льный
хи́щный
хи́трый
хитроу́мный

Имена существительные:

аза́рт
актёр
боль (ж.р.)
восхище́ние
вре́мя
вы́года
дух
зараже́ние
зара́за
зри́тель
и́мпульс
интере́с
иску́сство
культу́ра
литерату́ра
ме́лочь *(ж.)*
мрак
наде́жда
неблагополу́чие
негодя́й
него́дность
но́мер *(pl.* номера́)
о́пыт
полоса́
посу́да
похити́тель
премье́ра
при́нцип
сда́ча
си́ла
созда́ние
спекта́кль *(м.)*
статья́
теа́тр
шко́ла
эне́ргия

Другое:

ва́жно
неда́вно
отсю́да
уго́дно

ДОПОЛНИТЕЛЬНОЕ:

1. Прочитайте следующую статью и ответьте на вопросы.

Вишневская и Ростропович: Очередное возвращение в Россию

Юрий КОВАЛЕНКО, «Известия»

Галина Вишневская на днях прилетает в Москву, чтобы посмотреть только что законченную работу — фильм «Провинциальный бенефис» режиссера Александра Белинского со своим участием, а Мстислав Ростропович приезжает в 20-х числах сентября в Россию вместе с Вашингтонским симфоническим оркестром.

Галина Вишневская исполняет роль Кручининой в картине, которая, по её словам, посвящается судьбам актёров. Кроме того, она нужна для съемок документального фильма «Галина», который по её одноименной книге делает Леонид Менакер.

15 сентября, в день рождения Дмитрия Шостаковича, Вашингтонский оркестр под управлением Мстислава Ростроповича исполнит в Москве 9-ю симфонию великого российского композитора и его первый фортепьянный концерт. Солистом выступит Игнат Солженицын, сын великого российского писателя.

На следующий день на Красной площади М. Ростропович со своим оркестром даст концерт, посвященный Петру Ильичу Чайковскому. Его «1812 год» музыканты будут исполнять, в соответствии с замыслом композитора, в сопровождении колоколов.

После Москвы концерты пройдут в Санкт-Петербурге, Таллинне, Риге и Вильнюсе. Наконец, 6 ноября, в день столетия со дня смерти Чайковского, М. Ростропович будет дирижировать российским оркестром, который исполнит Патетическую симфонию Петра Ильича.

—Спонсор должен выплатить мне гонорар в долларах," — объясняет Мстислав Леопольдович,— такой же, какой я обычно получаю на Западе. Я передам его в организуемый мной и Галиной фонд для восстановления Московской консерватории, носящей имя Чайковского.

ПАРИЖ

Ответьте на вопросы:

1. Зачем Галина Вишневская прилетает в Москву?
2. Что будет исполнять Вашингтонский симфонический оркестр 25 сентября? 26 сентября? 6 ноября?
3. Куда передаёт свой гонорар Мстислав Ростропович?
4. Прочитайте статью «Народным артистом его считал весь народ» и перескажите ее .

Народным артистом его считал весь народ

Вечером 29 января 1994 года Евгений Павлович Леонов, собираясь на работу в спектакле "Поминальная молитва", дома, одеваясь, упал и мгновенно умер. Бог послал ему легкую смерть, а всем нам — тяжёлое чувство невосполнимой утраты. Зрители, пришедшие в тот день на "Поминальную молитву", зажгли свечи и несколько часов простояли у стен театра в скробном прощальном молчании по великому артисту России.

Я первый раз увидел Леонова в Перми, где я тогда работал, где-то в 50-е годы, ещё до его появления на киноэкране и его фантастической популярности, которая пришла позднее. Я видел несколько великих артистов старого мхатовского поколения. Я видел замечательные работы зарубежных мастеров, но, наверное, самое сильное впечатление произвела на меня встреча с Евгением Павловичем Леоновым в пьесе Булгакова "Дни Турбиных". Его Лариосик врезался в память, потряс меня своей удивительной добротой и мудростью.

Он был учеником великой мхатовстой плеяды актеров, у которых получил нравственные и эстетические основы русской театральной культуры, которую очень спокойно и сдержанно передавал нашей молодёжи. Он не любил криков, закулисных страстей, любил тишину, был всегда сосредоточен, недоволен собой, как и положено истинному комедийному артисту.

Леонов стал истинно народным артистом после фильма "Белорусский вокзал", в котором сыграл роль человека не очень преуспевшего в жизни, но сохранившего глубокие человеческие качества. Потом была целая галерея замечательных работ в кинематографе — смешных и трогательных, были замечательные работы на сцене Московского "Ленкома".

Евгений Павлович знал нашу многострадательную жизнь, умел огорчаться и радоваться. Мальчишкой он работал во время войны слесарем на заводе, познал разные человеческие характеры и поступки, поэтому работа с ним всегда превращалась в праздник счастливого поиска и творчества. И ещё он знал о жизни что-то такое, чего не знали другие. Сначала было смешно, а потом щемило сердце.

Его прощальная работа —Тевье-молочник в "Поминальной молитве", написанной Григорием Гориным по рассказам Шолом-Алейхема. Эта "Поминальная молитва", вероятно, останется с нами навсегда, всегда будет звучать в наших душах.

Я знаю, что наш народ талантлив и будут ещё рождаться большие, серьезные мастера сцены, но вот такого человека, как Евгений Павлович, в моей жизни и в жизни моих товарищей больше не будет никогда.

Пусть успокоится его светлая душа. Царство ему небесное.

«Известия», Марк Захаров, главный режиссер "Ленкома".

Задание:

Что Вы знаете о МХАТе?
Кто был его основателем?
Приготовьтесь рассказывать об этом на уроке.

I.

И в 90 лет можно вести творческую деятельность. Это доказывает Джон Гилгуд -- патриарх английского театра. Накануне своего юбилея он закончил съёмки в сериале «Унесённые ветром» для английского телевидения, а на радио Би-Би-Си записался в роли короля Лира.

II.

Гала-концерт в честь Нуриева

13 марта Наталья Макарова, Михаил Барышников и Ирек Мухамедов возглавят список участников гала-концерта в лондонском театре "Колизей", где соберутся почитатели легендарного Рудольфа Нуриева.

Известие о смерти великого танцора от СПИДа в возрасте 54 лет потрясло не только любителей балета. Казалось, на его похороны в Париже съехался весь балетный и театральный мир — не было лишь Макаровой и Барышникова.

13 марта Наталья Макарова и Михаил Барышников отдадут последний долг Нуриеву в театре "Колизей". Среди звёзд международного балета в Лондоне будут танцоры из Франции, Канады, Великобритании, с которыми Нуриев работал на протяжение своей блистательной карьеры на Западе. В программе концерта сцены из "Дон Кихота", "Щелкунчика", "Ромео и Джульетты" в постановке самого Нуриева. Все сборы пойдут в благотворительный фонд помощи борьбе со СПИДом.

"МН", С.Б.

III.

Солженицын: "Я могу быть только гражданином России"

ВАШИНГТОН, 25 апр. (ИТАР-ТАСС) — Лауреат Нобелевской премии по литературе Александр Солженицын, после высылки из СССР живущий в США, в интервью телекомпании Си-би-эс ответил на вопрос о том, почему он не принял американское гражданство, хотя прожил в стране 18 лет.

"Всё это время я прожил без паспорта, — ответил Солженицын. — Я не могу быть гражданином какой-либо страны, кроме России. Многие русские эмигранты десятилетиями жили без гражданства. Я тоже. Я могу быть только гражданином России."

Солженицын сказал, что надеется помочь своей родине, которая, по его признанию, "сегодня находится в очень трудном положении". Особую тревогу он выразил в связи с утратой обществом религиозных корней, падением морали.

"В первый мой год по возвращении собираюсь много ездить по стране, — сказал Солженицын. — Собираюсь часто встречаться с людьми. Мой образ жизни будет полностью отличаться от того, который я вел здесь".

Письменное задание:

Напишите сочинение о великом деятеле искусства (музыки, кино, живописи, театра), его (ее) творческом пути и почему его (ее) считают великим (великой).

A. Знаете ли Вы следующие слова и выражения?

опасность (ж.р.)
Земля в опасности
ведущие страны
принимать меры
разрушать(ся)
быстрота
с невероятной быстротой
угрожать
угроза
обеспечить
существование
особый свидетель
участник (чего?)
потрясти
  я был потрясён

зашишать
хрупкий, -ая, -ое, -ие
невероятно маленький
уникальный опыт
изменить (ся)
заставить измениться
отправиться (куда?)
волновать
человечество
общечеловеческие проблемы
экологическая система
планета
уничтожать
жадность
ядерное оружие

испытание ядерного оружия
исчезать
озон
слой озона
ультрафиолетовая радиация
огромные капиталовложения
предотвратить катастрофу
средства
вооружение
военные расходы
сократить военные расходы
окружающая среда
возрождение (чего?)
призыв

B. The article below is about dangers that threaten the survival of the planet Earth.   Note the following points of information:

1. Why is it necessary to take urgent measures to save the Earth?
2. Who are special witnesses to the distruction of ecological system?
3. Wht impressed James Irving the most?
4. What kind of change occured in Vladimir Dzhanibekov?
5. How do nuclear tests and nuclear power stations affect the environment?
6. What is necessary to forestall an ecological catastrophe?
7. Where, in the opinion of the author, would the money come from?
8. Why the world does not address this urgent problem?

ЗЕМЛЯ В ОПАСНОСТИ

Наша Земля тяжело больна. И если две ведущие страны мира не примут меры, она погибнет. И сделать это надо как можно скорее, потому что с невероятной быстротой разрушаются экологические системы, которые обеспечивают наше существование. Так считают ученые, так думают особые свидетели — участники космических полётов.

Говорит американский астронавт Джеймс Ирвинг: «Я был потрясён тем, какая невероятно маленькая, хрупкая и незащищённая наша земля». «Когда я отправился в космический полёт, - говорит российский космонавт Владимир Джанибеков, — меня интересовали только технические вопросы. Но вер-

нулся я оттуда другим: теперь меня волнуют общечеловеческие проблемы, потому что я увидел, как разрушена экологическая система нашей планеты».

Каждый день уничтожается 20 тысяч гектаров леса из-за человеческой жадности. Постоянный риск исходит от ядерных электростанций, испытаний ядерного оружия. Всем известно, что ежегодно исчезают тысячи видов животных. Становится тоньше слой озона, который защищает нас от ультрафиолетовой радиации.

Необходимы огромные капиталовложения(150 миллиардов долларов в год),

чтобы предотвратить экологическую катастрофу.

И средства для этого есть. Запад и Восток ежегодно тратят 900 миллиардов долларов в год на вооружение. Достаточно сократить военные расходы на одну шестую часть, чтобы получить средства, в которых человечество нуждается для возрождения окружающей среды. Но до сих пор, несмотря на постоянные призывы, сделано очень мало. Мир слишком занят политическими конфликтами, экономическими проблемами, чтобы понять, какая опасность *грозит* человечеству.

Яцек Галкевич
«Известия»

C. Ask each other questions in Russian in order to elicit the information given in the article.

D. Объясните по-русски:

1. ведущие страны
2. свидетель
3. участник
4. Я был потрясён
5. хрупкий
6. отправиться
7. общечеловеческие проблемы
8. капиталовложение
9. сократить военные расходы
10. окружающая среда
11. принимать меры
12. риск

E. Дайте видовую пару (если есть), управление и проспрягайте:

1. принимать
2. разрушать
3. угрожать
4. обеспечить
5. защищать
6. потрясти
7. изменять
8. заставить
9. отправиться
10. уничтожать
11. испытать
12. исчезать
13. предотвратить
14. возрождать
15. призывать

F. Переведите подчёркнутые в тексте фразы и предложения на английский язык.

G. Ответьте на следующие вопросы:
1. Что можно **разрушить**?
2. Что можно **уничтожить**?
3. Куда можно **отправиться**?
4. Кого и что нужно **защищать**?
5. Что может **волновать** человека?
6. Что можно **предотвратить**?
7. Что можно **возродить**?
8. Каких итальянских художников **Возрождения** (Ренессанса) вы знаете?
9. К чему можно **призывать** людей?
10. Что может **угрожать** человеку?
11. Что можно **сократить**?
12. Что можно **испытывать**?

H. Ответьте на вопросы:
1. С кем вы познакомились? (*Джеймс Ирвинг, Владимир Джанибеков*)

2. Кому предложили проводить испытания? (*Джеймс Ирвинг,*
   Владимир Джанибеков)

3. О ком вы читали? (*Джеймс Ирвинг, Владимир Джанибеков*)

4. Кем вы были потрясены? (*Джеймс Ирвинг, Владимир Джанибеков*)

I. Замените придаточные предложения с союзом «который» на причастные обороты.

а) разрушаются экологические системы, которые обеспечивают наше существование.

_____

б) Становится тоньше слой озона, который защищает нас от ультрафиолетовой радиации.

_____

J. СЛОВООБРАЗОВАНИЕ
Find words in the text with the following roots.
1. трат +
  тра́та, -ы
      тра́тить/по- (истра́тить) что? на кого? на что? — to spend
        утра́чивать/утра́тить кого? что? — to lose
          утра́та, -ы   loss
          утра́ченный, -ая, ое, ые

2. руш+ / рух +
  наруша́ть/нару́шить что? — to break, to infringe upon, to transgress, to violate
      наруше́ние чего? —   breach, infringement, offence, violation
      наруши́тель   — offender, violator, transgressor, infringer
  разруша́ть/разру́шить что? — to destroy, demolish
      разруше́ние — destruction
      разру́ха   — ruin, collapse
      разруши́тельный, -ая, ое, ые

3. клад + / лож+ (см. «Цех ремонта»)
  вкла́дывать/вложи́ть что? куда? во что? — to insert, to put in, to enclose, to invest
        Он вложил всю свою душу в работу
      вклад — deposit, investment, contribution
  откла́дывать/отложи́ть что?

4. гроз+ / грож +
  грози́ть (*impfv.*) кому? чем? — to make a threatening gesture, shake your finger, fist at someone
  угрожа́ть (*impfv.*) кому? чем? — to threaten
    угро́за
    гроза́ — thunderstorm
  грозный, -ая, ое, ые — threatening, menacing

5. вращ/врат +
  возвраща́ть/возврати́ть/верну́ть кого? что? кому? — to return smth.
  возвраща́ться/возврати́ться/верну́ться куда?/откуда?— to return, come back, get back
    возвраще́ние
  превраща́ться/преврати́ться в кого? что? — to become, to turn into
    превраще́ние
  предотвраща́ть/предотврати́ть что? — to forestall, to prevent
    предотвраще́ние

K. Ответьте на вопросы:

1. Что можно **т р а т и т ь**?
2. На что можно **т р а т и т ь** деньги?
3. Когда мы употребляем слово « **у т р а т а** »?
4. Что можно **н а р у ш и т ь**?
5. Что можно **р а з р у ш и т ь**?
6. Что может быть **р а з р у ш и т е л ь н ы м**?
7. Во что можно **в л о ж и т ь** капитал?
8. На что можно **о т к л а д ы в а т ь** деньги?
9. Что можно **о т л о ж и т ь**?
10. Что может **у г р о ж а т ь** людям?
11. Что можно **в о з в р а щ а т ь**?
12. В кого можно **п р е в р а т и т ь с я**?
13. Что можно **п р е д о т в р а т и т ь**?

L. Дополнительное

1. Прочитайте статью. Обратите внимание на следующее:

   а) Кто такой В. Данилов-Данильянц?
   б) О чём он сообщил на пресс-конференции?
   в) Кто по специальности Николай Филатов?
   г) Какую должность он занимает?
   д) Какие проблемы возникают у москвичей в связи с неблагополучной экологической обстановкой?
   е) Почему в этом году первый урок проведут в школах экологи?

ЭКОЛОГИЯ — 94

Министр экологии и природных ресурсов России Виктор Данилов-Данильянц, выступая на пресс-конференции, сообщил, что 15% территории Российской Федерации объявлено зоной экологического бедствия. Более 100. 000 человек проживают в районах, где уровень радиации угрожающе высок. Не лучше положение и в других районах — так, половина пахотных земель в России непригодна для сельскохозяйственных работ, а одна пятая часть страны завалена промышленными отходами, и нет надежды на улучшение экологической обстановки до конца 1995 года.

Загрязнение воздуха в Москве сегодня более чем в два раза превышает допустимые нормы, а на каждого жителя ежегодно приходится 28 килограммов вредных веществ. Неблагополучная экологическая обстановка прежде всего отрицательно влияет на здоровье москвичей. По словам главного санитарного врача Москвы Николая Филатова, из 120.000 новорожденных ежегодно в Москве только 28% здоровы — остальные рождаются с патологией. В дошкольном возрасте около 15-20 процентов детей имеют хронические заболевания, а в школьном — около 50 процентов.

Мы должны привлечь внимание всего населения, особенно подрастающего поколения к проблемам окружающей среды, т. к. это одна из основных проблем нашей планеты.

Вот почему в этом году первый урок со школьниками в большинстве российских школ проведут экологи-практики и сотрудники санитарно-эпидемической службы.

«Известия»

2. Переведите подчёркнутые в тексте фразы и предложения на английский язык.

3. Что вы можете <u>написать</u> об экологической обстановке в вашем городе? Известны ли вам случаи отрицательного влияния этой обстановки на здоровье людей?. (При описании используйте лексику урока).

M. Vocabulary Review

<u>Глаголы:</u>

вкла́дывать/вложи́ть что? во что? куда?
возвраща́ть/возврати́ть/верну́ть что? кому? куда?
волновать/взволновать кого? что? чем?
грози́ть кому? чему? чем?
заставля́ть/заста́вить кого? что? что делать?
защища́ть/защити́ть кого? что?
интересова́ться/по- (заинтересова́ться) кем? чем?
наруша́ть/нару́шить что?
откла́дывать/отложи́ть что?
отправля́ться/отпра́виться куда?
превраща́ть/преврати́ть что? во что?

превраща́ться/преврати́ться во что?
предотвраща́ть/предотврати́ть что?
призыва́ть/призва́ть кого? что? к чему?
погиба́ть/поги́бнуть где?
потряса́ть/потрясти́ кого?
принима́ть/приня́ть меры
разруша́ть/разру́шить что?
сокраща́ть/сократи́ть что?
станови́ться/стать кем? чем? каким?
счита́ть/счесть кого? что? кем? чем? каким?
тра́тить/потра́тить/истра́тить что? на что?
угрожа́ть кому? чему? чем?
уничтожа́ть/уничто́жить кого? что?
утра́чивать/утра́тить что?

<u>Имена существительные:</u>

астрона́вт
быстрота́
вид, вклад
возвраще́ние
возрожде́ние
вооруже́ние
гекта́р
гроза́
жа́дность (ж.р.)
живо́тное, -ые
земля́
испыта́ние
катастро́фа
капиталовложе́ние, -я
конфли́кт
космона́вт
наруше́ние
наруши́тель
озон
опа́сность (ж.р.)
о́пыт
ору́жие
превраще́ние
предотвраще́ние

полёт
призы́в
разру́ха
расхо́ды
риск
свиде́тель
систе́ма
слой
среда́
сре́дство, -а
существова́ние
ты́сяча
угро́за
утра́та
часть (ж.р.)
челове́чество
эколо́гия

<u>Имена прилагательные:</u>

америка́нский
бо́лен, больна́, больны́
веду́щие (страны)
гро́зный

косми́ческий (полёт)
любо́й
невероя́тный
незащищённый
необходи́мый
общечелове́ческий
огро́мный
окружа́ющая (среда)
постоя́нный
разруши́тельный
росси́йский
техни́ческий
то́нкий
ультрафиоле́товый
уника́льный
утра́ченный
хру́пкий
челове́ческий
экологи́ческая (система)
я́дерное (оружие)

<u>Наречия:</u>
ежего́дно
невероя́тно
сли́шком
тяжело́

A. Подготовка к чтению: Знаете ли вы следующие слова и выражения?

1. преступлéние
2. совершúть преступлéние
3. совершить убúйство
4. убúйца
5. изнасúловать
6. огрáбить
8. грабёж
9. мошéнничество
10. покушéние на ...
11. совершить покушение

12. нападéние на...
13. угóн автомобúля
14. сплошь и рядом
15. спустя́ (несколько дней)
16. покóйный
17. покóйник
18. опознáть покойного
19. наёмный убúйца
20. рáнее судúмый
21. раскрывáть преступлéния
22. зря

23. отпрáвить на тот свет
24. прокурóр
25. прокуратýра
26. слéдователь
27. расслéдовать преступление
28. стаж работы
29. разоблачúть преступника
30. законодáтельство
31. безопáсность
32. свидéтель (чего?)
33. свидéтельство (чего?)

B. The article below is about crime in Moscow. Look for the following points of information:

1. What kind of statistics is provided by Moscow Bureau of Investigations?
2. How do the numbers of murders in the last five years compare?
3. What is the real number?
4. What kind of murders is a new phenomenon?
5. What, in the author's opinion, is the proof of low moral standards in society?
6. What are the factors that contribute to the increase of murders?
7. Who is Chikatilo? What was he sentenced for?
8. Why so few murders get solved?
9. What measures are necessary to make the public feel safe?

Статистика преступлений в Московской области с 1 марта по 25 марта 1994 года

Всего совершено преступлений	4557	раскрыто	1798
убийств	101 случай	раскрыто	67
тяжких телесных повреждений	153	раскрыто	98
грабежей	236	раскрыто	90
мошенничеств	27	раскрыто	19

По сообщениям МУРа в прошлом году в Москве ежесуточно совершалось более десяти нападений на водителей с целью угона автомобилей. Это в два раза больше, чем в предыдущем году.

ПРОКУРОРЫ УХОДЯТ, БАНДИТЫ ОСТАЮТСЯ

Подсчитано, что каждые 18 минут в России совершается убийство или покушение на убийство. За 10 месяцев совершено 24.133 убийства.

Много это или мало? В данном случае — их на одну треть больше ,чем в прошлом году (1993), и в два с половиной раза больше, чем пять лет назад.

Однако это еще не все. Сплошь и рядом преступники тщательно прячут тела своих жертв и, когда эти тела находят спустя длительное время, ни один эксперт не может опознать покойного и определить причину смерти.

К чему эта информация? К тому, что подлинное (реальное) количество убийств

сейчас не знает никто. Ясно, что на самом деле их больше и совершенно очевидно, что убийств будет еще больше.

И дело не только в социальных, экономических и межнациональных проблемах, в падении общественной дисциплины. Появились убийства, о которых раньше даже не слышали: при ограблении поездов, наёмные убийства—свести счёты с конкурентом, требовательным кредитором, управляющим банком. При этом убийцы пользуются не только пистолетами и автоматами, но и гранатами, минами.

Хочется подчеркнуть, что самое страшное не то, что каждый пятый убийца ранее был судим, а то, что 80% убийц — это вчера еще законопослушные граждане. Вот где свидетельство полного падения нравов!

И когда мы говорим о том, что преступлений будет больше, мы имеем в виду не только эти факторы, но и крайне низкую раскрываемость преступлений. В Санкт-Петербурге за 10 месяцев совершено 730 убийств, раскрыто - 282; в Кемеровской области — 1026,

раскрыто 722; в Москве — 1097, раскрыто — 426. И число гуляющих на свободе убийц растет, их уже десятки тысяч...

Зря мы гордимся тем, что поймали ростовчанина Чикатило, который отправил на тот свет более пятидесяти человек и москвича Р. (идет следствие), убившего на сексуальной почве шестнадцать человек. Это позор, что им позволили убить такое количество людей.

Почему же всё-таки упала раскрываемость преступлений? Ответ на этот вопрос прост.

Убийства расследует прокуратура. Сейчас одна треть следователей имеет стаж работы менее года. А задержать и разоблачить настоящего убийцу может только профессионал высокого класса. Профессионалов же становится все меньше и

меньше. Многие, не выдержав физических и эмоциональных перегрузок, ушли на более спокойную работу и неизмеримо бо́льшую зарплату. Теперь уже значительно повысили зарплату сотрудникам прокуратуры, но уже поздно.

К счастью, Генеральная прокуратура и МВД России намерены создать специализированные отделы по расследованию убийств и увеличить число сотрудников, а научно-исследовательские институты разрабатывают методические рекомендации по тактике и методике раскрытия убийств в изменившейся обстановке. Кроме того, необходимы серьезные изменения в законодательстве.

Остается надеятся, что все эти меры прибавят нам уверенности в собственной безопасности.

М. Хазин

«Известия»

C. Объясните по-русски:

1. моше́нник
2. в да́нном слу́чае
3. в предыду́щем году
4. сплошь и ря́дом
5. обнару́жить
6. спустя́ дли́тельное время
7. совершенно очеви́дно
8. гуля́ющий на свобо́де убийца
9. зря
10. отпра́вить на тот свет
11. позволить
12. наме́рены созда́ть
13. тща́тельно
14. угнать автомоби́ль
15. по́длинный
16. опозна́ть

D. Дайте видовую пару (если есть), управление и проспрягайте глаголы.

1. совершать
2. угнать
3. грабить
4. нападать
5. убить
6. прятать
7. сводить (счеты)
8. пользоваться
9. подчеркнуть
10. судить
11. раскрывать
12. отправить
13. позволить
14. расследовать
15. задержать
16. становиться
17. выдержать
17. повысить

E. Ask each other questions in Russian which will elicit the information in the article.

F. Give synonymous constructions for the underlined verbal adjective and adverb constructions:

1. Подсчитано, что каждые 18 минут в России совершается убийство...

2. Самое страшное не то, что каждый пятый убийца ранее был судим...

3. И число гуляющих на свободе убийц растет.

4. Многие, не выдержав физических и эмоциональных перегрузок, ушли на более спокойную работу.

5. Зря мы гордимся тем, что поймали ... москвича Р., убившего на сексуальной почве 16 человек.

G. Ответьте на вопросы:
1. Что можно **совершить**, кроме убийства?
2. Что можно **расследовать**?
3. Что можно **исследовать**?
4. На кого могут **напасть**?
5. Что может **падать**?
6. Куда можно **упасть**?
7. Что можно **раскрыть**?
8. Что можно **угнать**, кроме машины?
9. За кем можно **гнаться**?
10. Кого можно **задержать**? Что можно **задержать**?

H Замените слова, отмеченные *курсивом*. Придумайте возможные варианты:

1. *Сплошь и рядом* совершаются ограбления .
2. Ни один эксперт не может *опознать покойного*.
3. Чикатило *отправил на тот свет* более 50 человек.
4. *Разоблачить преступника* может только профессионал высокого класса.

I. СЛОВООБРАЗОВАНИЕ:

Find words in the text which contain the following roots.   Learn the additional words and compose sentences with them.

1. ВЕРХ+ ; ВЕРШ+ _____
       ве́рхний upper
       верхо́вный supreme
       верхо́м on horseback
       верхова́я езда́ horseback riding
       вверх upwards
       наве́рх upstairs (dir.)
       наверху́ upstairs (loc.)
       све́рху from above

заверша́ть\заверши́ть+что? to complete; conclude

соверша́ть\соверши́ть + что? to accomplish; to commit
соверше́нно absolutely; perfectly; totally
соверше́нный absolute; complete; perfect(ive)
совершённый committed; accomplished; done
совершенноле́тний of age; major
совершенноле́тие majority; adulthood
соверше́нство perfection
в соверше́нстве perfectly; to perfection

соверше́нствовать\ усоверше́нствовать + что? to perfect

соверше́нствоваться\ усоверше́нствоваться + в чём? to master

2. ЗР+; ЗАР+; ЗИР+; ЗОР+_____

зри́тель (sg.) spectator; (pl.) audience
зри́тельный зал auditorium
зре́лище sight spectacle
незри́мый invisible
зе́ркало mirror
заря́ (зо́ри pl.)   twilight

презира́ть+кого?+за что? to despise
презре́ние disdain; contempt
презри́тельный contemptuous

при́зрак phantom; ghost
зрачо́к pupil (of the eye)
зря for nothing; in vain
позо́р shame; disgrace
подозрева́ть\заподо́зрить+кого? в чём? to suspect

3. ЧЁРК+_____

по́черк handwriting
о́черк   essay; sketch; study
подчёркивать\подчеркну́ть+что? to emphasize; underline; underscore
подчёркнутые слова́ underlined words
вычёркивать\вы́черкнуть+что?+из чего? to cross out

4.	ГН+; ГОН+ _____

гнать\погна́ть + кого-что? + куда? to chase, drive (*trans. u.d.*)
гоня́ть\погоня́ть + кого-что? + куда? to chase (*around*), drive (*trans. m.d.*)

гна́ться\погна́ться + за кем-чем? to chase after, pursue (*u.d.*)
гоня́ться\погоня́ться + to chase after, pursue (*m.d.*)

го́нка вооруже́ний the arms race
го́нки a race
пого́ня chase, pursuit

гнать спирт to distill
самого́н home-brew, moonshine

выгоня́ть\вы́гнать + кого-что? + откуда? (куда?) to drive out
догоня́ть\догна́ть + кого-что? to catch up with
обгоня́ть\обогна́ть + кого-что? to pass
перегоня́ть\перегна́ть + кого-что? to surpass
«Догнать и перегнать Америку»
"To catch up with and surpass America"
разгоня́ть\разогна́ть + кого-что? to disperse, chase away
угоня́ть\угна́ть + что? to hijack, steal, drive away

J.	Ответьте на вопросы:

1.	Как называется **почерк**, в котором нельзя разобраться?

2.	Каким может быть **почерк**?

3.	Где люди часто ездят **верхом**?

4.	Какой может быть **точка зрения**?

5.	В чем можно **подозревать** человека?

6.	Что можно сделать **зря**?

7.	За что можно **презирать** человека?

8.	Что можно **усовершенствовать**?

9.	О чём может быть очерк?

10.	Когда человек достигает **совершеннолетия**?

11.	Что можно **совершить**?

12.	Что можно **завершить**?

13.	Где находятся **зрительные** залы?

14.	Кого можно **выгнать**?

15.	Когда на дороге нельзя **обгонять**?

16.	Что можно **обогнать**? А что можно **перегнать**?

К. VOCABULARY REVIEW

Глаголы:

выде́рживать\вы́держать экзамен
вычёркивать\вы́черкнуть+что?+из чего?
гнать\погна́ть + кого-что?
гна́ться\погна́ться за кем-чем?
догоня́ть\догна́ть + кого-что?
заверша́ть\заверши́ть+что?
нападать/напасть на кого? что?
наси́ловать/изнаси́ловать кого?
опознава́ть/опозна́ть кого?что?
перегоня́ть\перегна́ть+кого-что?
подозрева́ть\заподо́зрить+кого? в чём?
подчёркивать\подчеркну́ть+что?
по́льзоваться чем?
превыша́ть\превы́сить что?
презира́ть+кого?+за что?
разгоня́ть\разогна́ть + кого-что?
раскрыва́ть/раскры́ть преступление
рассле́довать что?
соверше́нствовать\усоверше́нствовать+что?
соверше́нствоваться\усоверше́нствоваться+вчём?
соверша́ть\соверши́ть+ что?
создава́ть\созда́ть что?
угоня́ть/угна́ть что?

Имена   существительные:

безопасность
верхова́я езда́
верши́на
води́тель
го́нка вооружений
грабёж
граждани́н (гра́ждане)
грана́та
законодате́льство
заря́ (зо́ри *pl.*)
зе́ркало
зри́тель
зри́тельный зал
зре́лище
изнаси́лование
ми́на, -ы
моше́нник
моше́нничество
нападе́ние
НИИ
обзо́р
ору́жие
о́черк
перегрузка
поврежде́ние
пого́ня
позо́р
поко́йник
покуше́ние
по́черк

презре́ние
преступле́ние
прокуро́р
прокурату́ра
раскрыва́емость (ж.р.)
рассле́дование
(тот) свет
свиде́тельство
сле́дователь
сообще́ние
стаж
стати́стика
совершенноле́тие
соверше́нство
то́чка зре́ния
уби́йство
уби́йца
уго́н
уго́нщик
управле́ние

Имена́   прилага́тельные:

ве́рхний
верхо́вный
верхова́я
да́нный (случай)
наёмный
незри́мый
опа́сный
подлинное (количество)
подчёркнутые слова
поко́йный
предыдущий (год)
совершенноле́тний
соверше́нный
суди́мый
теле́сное (поврежде́ние)
тя́жкий

Наречия:

вверх
верхо́м
зря
наверху́
наве́рх
ра́нее
ре́зко
сплошь и ря́дом
све́рху
совершённо
тща́тельно

ДОПОЛНИТЕЛЬНОЕ

Прочитайте следующую статью о торговле наркотиками. Установите:

1. Возраст дочерей Антонины Васильевны.
2. Национальность Фархада.
3. Природу бизнеса, в котором Фархад предложил поучаствовать.
4. Что входило в обязанности Антонины Васильевны.
5. Как относились дочери Антонины Васильевны к Фархаду?
6. Почему представители наркомафии хотят брать на работу безнадзорных подростков?

ДЕТИ НА СЛУЖБЕ У МАФИИ

Жизнь девочек складывалась безрадостно, отца никогда не видели, мать крепко выпивала. С доплатой обменяла большую трехкомнатную квартиру на маленькую двухкомнатную. Чтобы свести концы с концами, сдала одну из комнат заезжим азербайджанцам. Тогда и познакомилась с неким Фархадом, которого в Москве больше знали как дядю Федю.

К тому времени в школе училась лишь старшая - Юля. Малолетки: Оля, Люда и Ирина не осилили и третьего класса. Мамашу это не очень волновало. Когда нужда совсем заела, Антонина Васильевна сдала свою квартиру приезжим уже целиком, а сама с четырьмя оставшимися дочерьми за небольшую плату поселилась в коммуналке. Но денег все равно хронически не хватало, и тут снова появился недавний «жилец» «Федя»-Фархад и предложил поучаствовать в его «делах».

А занимался он в Москве торговлей наркотиками, в основном одним из самых страшных - триметилфентонилом.

С проводниками бакинских поездов дурманящее зелье переправляли в столицу России. Здесь товар попадал в руки оптовиков, одним из которых был Фархад. Антонина Васильевна по приказу Фархада разносила ампулы в условленные места для передачи. Для большей безопасности «операций» Фархад предложил использовать «малолеток»: Олю, Люду и Ирину. Вначале девочки подчинялись маме, а потом непосредственно наркодельцам...

Печально, но младшие дочери Антонины Васильевны, не избалованные отцовской лаской, действительно были очень привязаны к «дяде Феде» еще с тех пор, когда он снимал у них комнату, шоколадками подкармливал...

Остановила уже развернувшееся дело милицейская операция.

А в самой Москве представители наркомафии сейчас ищут безнадзорных подростков до четырнадцати лет, пьющих многодетных матерей-одиночек. «Завербованные» дельцами ребята таскают товар от мелких оптовиков наркоманам-потребителям, сами торгуют дурманящим зельем. Дешево и безопасно. На ребенка милиция обычно внимания не обращает, по закону наказать его невозможно, да и доказать причастность взрослого торговца к его маленькому «другу» неимоверно сложно. А цена всему — гроши, дети стоят недорого...

Вадим Белых
«Известия»

ЗАДАНИЯ.

1. Переведите подчеркнутые фразы и предложения на английский язык. При переводе постарайтесь использовать идиоматические выражения.

2. Вы прочитали статью об использовании малолетних в торговле наркотиками в России. Есть ли сходство этой ситуации с ситуацией в Америке? Напишите, что вы думаете об этом.

Чужая беда

А. Когда применяется выражение «Чужой беды не бывает»?

Б. Обратите внимание на следующие слова и выражения!

неблагополу́чный = несча́стный
мальчи́шка = ма́льчик (двое, трое, четверо, пятеро мальчи́шек)
сокрушённо = с го́рем, огорчённо
говори́ть шёпотом (шепта́ть) = говорить ти́хо, чтобы другие не слышали
спива́ться\спи́ться = стать алкоголиком/пьяницей
осме́ливаться\осме́литься = набраться смелости; реша́ться\реши́ться
сообща́ = вместе
Никому нет де́ла... = Никто не интересуется...., никто не заботится....
поднима́ть (кого?) на́ ноги = воспи́тывать, помогать стать самостоя́тельным
неприка́янный - беспоко́йный, не находя́щий себе ме́ста
пристава́ть\приста́ть + к кому? = мешать, не давать покоя; привяза́ться *(pfv.*
нетре́звый = пья́ный   *only)*
забира́ть\забра́ть в мили́цию = арестова́ть
отсиде́ть срок (в тюрьме́) = сиде́ть определённое время под арестом
Все мы подсу́дны. = Все мы винова́ты; все мы достойны осуждения
исче́рпанный < исче́рпывать\исче́рпать = *(здесь)* ко́нчить, положи́ть конец
му́дрый = очень у́мный
на мои́х глаза́х = передо мной, в моем прису́тствии; я видел/а
постига́ть\пости́чь = понимать\понять
кида́ться\ки́нуться = броса́ться\броситься
не су́йся = не вме́шивайся = не мешай < [сова́ться]
чёрствый = твёрдый   [чёрствый хлеб = несве́жий хлеб]
                        [чёрствый человек = безду́шный человек]
поро́к - дефе́кт

уча́стник	соуча́стник
страда́ние	сострада́ние
страдать	сострада́ть
чу́вствовать	сочу́вствовать
чу́вство	сочу́вствие
а́втор	соа́втор

В. Read the following article and discuss, in Russian, the following questions.

1. What word in the article is the key word for understanding the theme of the article? What is the theme of the article?

2. Who was responsible for the article being written? Why was the article written?

3. What specific examples does the author use to illustrate the theme of the article? Who is responsible for each example? Does the author recount personal experiences?

4. What is the author's conclusion? How is it proved?

Чужая беда

Жила семья в большом доме. Дом такой большой, что люди здесь совершенно не знали друг друга. А эту семью — неблагополучную, знали все.

Еще бы, сколько раз мать двоих мальчишек видели пьяной. Во дворе женщины сокрушенно качали головами и смотрели ей вслед. Понизив голоса до шепота, судили-рядили о том, как страшно и противно, когда женщина и мать спивается. Жалели мальчишек и старенькую бабушку — единственного, пожалуй, человека, который осмелился вступить в бой со злом, в бой за свою дочь. Но что может старый больной человек противопоставить этому злу! Ходила в милицию, жаловалась соседям. Те только плечами пожимали — чем тут поможешь... Борьба была явно неравной — с одной стороны, хрупкая, сухонькая старушка со своим отчаянием и любовью к дочери, с другой — компания собутыльников. И однажды все закончилось трагически. В пьяной драке маму двоих мальчишек убили.

Впервые за все время жители большого дома, даже не знакомые друг с другом, сообща бурно обсуждали происшедшее — во дворе, в подъездах, на лестничных площадках. Потихоньку страсти улеглись, и дом вернулся к своей обычной жизни. Каждая семья — к своей. Никому не было дела до того, что творится в квартире на восьмом этаже, где старенькая бабушка поднимала на ноги двоих внуков. Удается ли ей это и как удается, — тоже не волновало. Продолжалось так до тех самых пор, пока внуки, а вернее, старший из них, Сережа сам не напомнил о своем существовании.

Сначала в подъезде стали собираться такие же, как он, неприкаянные подростки. Стоит ли удивляться, что неприкаянность их вылилась в распитие дешевого вина, приставание к прохожим. Парней старались не замечать, обходили их молча, чтобы не навлечь на себя неприятности. Во дворе, правда, осуждали их, ругали, но вновь понизив голос до шепота. И нетрезвая компания почувствовала себя силой, день ото дня распоясывалась все увереннее. Кончилось это тем, что Сергея и трех его друзей, оскорбивших жителей дома и требовавших у них денег, забрали в милицию. Вскоре были вывешены объявления, что состоится выездное заседание суда по их делу. И опять незнакомые люди собирались группами и горячо обсуждали происшедшее.

В тот день А. М. Рудная, пенсионерка, возвращалась из магазина и застала около своего подъезда группу мужчин. Один из них, явно поддерживая начатый разговор, воскликнул: «Ничего, срок отсидит Серёга, может, одумается». Слова эти больно кольнули сердце женщины. Не выдержала, высказала все то, что наболело у нее. «Все мы подсудны. Все! Знали ведь, что сирота он, не пришли на помощь в трудную минуту. Все мы — соучастники его преступления». После этих слов мужчины как-то сразу засуетились, заспешили по домам. Вроде бы тема разговора оказалась исчерпанной.

...Большой дом плывет по жизни, как большой корабль. Сколько людей в нем, столько и судеб — разных, сложных, не похожих одна на другую. У каждого человека — свои радости и печали, свои заботы и волнения. Дает ли это моральное право не смотреть по сторонам, не видеть того, что происходит рядом?..

«Чужой беды не бывает». Что это — расхожая и правильная фраза, в смысл которой необязательно вдумываться? Наверное, мудрая наука чувствовать боль другого человека постигается с детства. Сострадание, инстинктивное желание помочь в беде во многом зависит от воспитания.

Однажды на моих глазах произошел такой случай.

На остановке беспомощно оглядывался старик с палкой — видно ждал, что помогут ему подняться в автобус по ступеням. К нему кинулся было мальчик лет двенадцати. Но тут его дёрнула за руку мать и злым шепотом сказала: «Не суйся, без тебя помогут, поторопись лучше сам — опаздываем ведь...».

Старику, конечно, помогли. А я до сих пор не могу забыть состоявшегося на моих глазах урока равнодушия и жестокости. И урок этот преподал ребенку не кто-нибудь, а самый близкий человек — мать. Человек, долг которого состоит в воспитании лучших нравственных качеств у своего сына. И я подумала, что пройдет время, и может случиться, что вот эта самая женщина с горечью и недоумением будет жаловаться на равнодушие и черствость взрослого сына. Вряд ли равнодушие закладывается генетически. Это порок приобретенный, это то, к чему легко привыкнуть, как легко привыкнуть к лени, безделью, и иждивенчеству.

И не случайно всё чаще и чаще к понятию «равнодушие» применяется определение «преступное» Права пенсионерка А. М. Рудная, обратившаяся в редакцию с письмом — своими размышлениями о равнодушии жителей одного большого дома. А сколько их — таких вот «больших домов» в нашем огромном городе! И скольких бед могли бы мы избежать, будь мы внимательнее к другим, отнесись мы сочувственно к беде соседа, к его боли...

Г. Николаева   «ВМ»

А. Объясните по-русски:

1. спиваться\спиться
2. дрáка
3. бой
4. борьбá
5. все мы подсудны
6. смотрéть по сторонáм
7. Чем тут помóжешь
8. распоясываться
9. творится
10. собутыльник
11. приставáть
12. пожáть плечáми
13. порóк
14. суд
15. срок
16. не суйся

В. Дайте английские эквиваленты. Обратите особое внимание на подчеркнутые слова и выражения:

1. Жалели мальчишек и старенькую бабушку — единственного, пожалуй, человека, который осмелился вступить в бой со злом, в бой за свою дочь.

2. Те только плечами пожимали — чем тут поможешь...

3. В пьяной драке маму двоих мальчишек убили.

4. Впервые за все время жители большого дома, даже незнакомые друг с другом, сообща бурно обсуждали происшедшее — во дворе, в подъездах, на лестничных площадках.

5. Потихоньку страсти улеглись.

6. Никому не было дела до того, что творится в квартире на восьмом этаже, где старенькая бабушка поднимала на ноги двоих внуков.

7. Парней старались не замечать, обходили их молча, чтобы не навлечь на себя неприятности.

8. И нетрезвая компания почувствовала себя силой, день ото дня распоясывалась все увереннее.

9. А. М. Рудная, пенсионерка, возвращалась из магазина и застала около своего подъезда группу мужчин.

10. «Все мы подсудны. Все! Все мы — соучастники его преступления».

11. Вроде бы тема разговора оказалась исчерпанной.

12. Наверное, мудрая наука чувствовать боль другого человека постигается с детства.

13. Однажды на моих глазах произошел такой случай.

14. К нему кинулся было мальчик лет двенададцати.

15. А я до сих пор не могу забыть состоявшегося на моих глазах урока равнодушия и жестокости.

16. И урок этот преподал[1] ребенку не кто-нибудь, а самый близкий человек — мать. Человек, долг которого состоит в воспитании лучших нравственных качеств своего сына.

---

[1]Note the special meaning of преподать in the expression:
«Он мне преподал хороший урок» — *He gave me a good lesson.*

17. И не случайно <u>все чаще и чаще</u> к понятию «равнодушие» применяется определение «преступное»

18. <u>Права</u> пенсионерка А. М. Рудная, обратившаяся в редакцию с письмом — своими размышлениями о равнодушии жителей одного большого дома.

19. И скольких бед могли бы мы избежать, <u>будь мы внимательнее</u> к другим, <u>отнесись мы сочувственно</u> к беде соседа, к его боли...

C. Закончите следующие предложения:

1. Мы совершенно не знали, куда...
  где ....
  как...
  кто она...
  что он ....

2. Борьба была...
  ....
  ....

3. Пройдет время, и она будет жаловаться...
  ....
  ....
  ....

4. Однажды..
  ....
  ....

5. Почему он так пристал ....?
  ....?
  ....?

6. Он, пожалуй, ...
  Я, пожалуй,...
  ....
  ....

D. Замените слова, отмеченные *курсивом*: В (скобках) даются слова для возможной замены; сами придумайте как можно больше вариантов.

1. В пьяной драке маму *двоих* мальчишек убили. (3; 4; несчастный)

2. Кончилось это тем, что *Сергея и трёх его друзей забрали в милицию* (никого не судили; все забыли о происшедшем).

3. *Слова эти* больно кольнули сердце *женщины*. (Действия; Поведение — мать; бабушка)

4. Но тут его дёрнула за *руку* мать. (ухо; волосы....)

5. Большой дом плывёт по жизни, как большой корабль. Сколько людей в нем, столько и *судеб* (разные истории, различные взгляды)

6. А сколько их — таких вот *«больших домов»* в нашем огромном городе! (несчастные люди; везучие люди)

7. Никому не было дела до того,что творится *в квартире* на восьмом этаже. (кафедра русского языка, наш дом, кулисы)

8. Сколько раз мы *его* видели *пьяным* . (они— плачущий; она — курящий)

9. *Обходили их молча*, чтобы не навлечь на себя неприятности.(Стараться—не обращать внимания)

10. Тема разговора оказалась *исчерпанной*. (знакомый; скучный)

11. Однажды на моих глазах *произошел такой случай*. (машина наехала.......)

12. Бабушка поднимала на ноги *двоих внуков*. (3 внучки; все внуки и внучки)

13. Продолжалось это до тех пор, пока *Сергей сам не напомнил о своем существовании*. (мы не узнали...........)

14. А. М. Рудная возвращалась из магазина и застала *около своего подъезда группу мужчин*. (в своей квартире—вора; в коридоре —кого?, у входа—кого?)

E. The words in the following groups are related either by concept (meaning) or by common roots or are similar in shape. How do the words in each group differ from each other in meaning and usage? Compose sentences with these words.

1. огля́дываться\оглянýться— осма́триваться\осмотре́ться
2. поро́к — поро́г — поро́ги — по́рох — прах — порошо́к
3. подъезд — приезд — отъезд — заезд — съезд — уезд — проезд
4. распи́тие — распя́тие
5. бой — битва — борьба — драка — сражение — мордобо́й — (бой часо́в — бо́йня)
6. судить — обсуждать\обсудить — осуждать\осудить
7. обычный — обыкновенный — обычно — обыкновенно
8. разный — различный — разница — различие

G. Find words in the text which are based on the following roots. Learn the additional words and compose sentences with them.

1. ВЛЁК+_____ What is the English equivalent of this root?
   влечь —to drag, drag, attract
   влечь за собой — to involve, entail

   отвлека́ть\отвле́чь + кого-что? от кого-чего? — to distract
   отвлека́ться\отвле́чься + от кого-чего? — to get distracted
   отвлече́ние — distraction, abstraction
   отвлечённый — abstract

привлека́ть\привле́чь + кого-что? + куда? — to attract
привлечь к суду — to take to court, to sue

привлека́тельный — attractive

развлека́ть\развле́чь + кого? чем? — to entertain, amuse
развлека́ться\развлечься + чем? — to entertain, amuse oneself

развлече́ние — entertainment, amusement
развлека́тельный — entertaining, amusing

увлека́ть\увле́чь + кого? —t o carry away, entice, allure
увлека́ться\увле́чься + кем-чем? — to be keen on, fascinated with
увлека́тельный — fascinating, absorbing
увлечение + чем? — hobby, fascination (with)

2. БИЙ + _____

БИТЬ\ПОБИТЬ+ кого-что?— to beat, strike   Часы били\пробили шесть.
The clock was striking\struck six.

побо́и — beatings
би́тва — battle

разбива́ть\разби́ть + что? — to shatter, break (into pieces)
разби́тое се́рдце — a broken heart
разбо́йник — thief
разбо́йничий — (--чье, --чья, --чьи)

убива́ть\уби́ть + кого? — to murder, kill
убийца — murderer
убийство — murder
самоубийство — suicide

сбива́ть\сбить + кого-что + с чего? — to knock off, down
сбиться с ног — to run one's legs off

перебива́ть\переби́ть + кого-что? — to interrupt
перебо́и (pl. only) — interruption

избива́ть\изби́ть + кого? — to beat up, to beat unmercifully
выбива́ть\вы́бить + кого-что? — to beat (knock) out, dislodge
выбить чек — (to pay for and) receive a receipt
выбить кого-то из колей — to unsettle, disturb

Н. Закончите следующие предложения:

1. Привлекательным (-ой) может быть..
....
....
....

2. Развлекательным (-ой) может быть..
....
....
....

3. Можно увлекаться ....
....
....
....

4. Можно отвлечься от...
....
....
....

5. Можно развлечь детей (друзей) (чем?)...
....
....
....

I. Употребите слова с корнем ВЛЕК-

1. У неё очень _____ внешность.

2. Чем только он не _____ в молодости!

3. Вы немного _____ от темы.

4. Я _____ гостей непристойными анекдотами.

5. Работа _____ его.

6. Новая выставка импрессионистов _____ много

    посетителей.

7. Не _____ его от работы!

8. Он очень серьёзный (и скучный) парень, кроме работы ничем не

    _____.

J. Употребите слова с корнем БИЙ+

1. Смотри, не _____ эти бокалы!

2. Кто тебя так _____?

3. Сколько сердец ты уже _____?

4. Если вы хотите купить что-нибудь, надо _____.

5. Не _____ меня, когда я говорю.

6. Его брата _____ машина.

7. Она убежала от ежедневных _____ мужа.

8. Транспорт работает без всяких _____.

9. Часы только что _____ 10 часов.

10. Эта весть _____ меня с ног.

11. Он _____ своих детей каждый день.

12. Извините, я Вас _____.

13. Это была настоящая _____ шайка!

14. Последний раз, когда мы играли в шахматы, я его _____.

15. У неё было очень тяжелое детство. Мать её _____

каждый день.

J. Подберите подходящие имена существительные, но не меняйте рода и
числá. Придумайте предложения с новыми словосочетаниями, которые
вы можете поставить в любом падеже:

1. пьяная ....
2. неравная ....
3. обычная ....
4. обыкновенная ....
5. нетрезвая ....
6. исчерпанная ....
7. аморальный ....
8. близкий ....
9. нравственный ....
10. равнодушный......................................
11. чужие...

12. жестокое..
13. отвлечённые ....
14. увлекательная....................................
15. неблагополучный................................
16. дешёвые ....
17. въездная..
18. выездная ....
19. разбойничьи.......................................
20. развлекательный.................................

К. <u>Vocabulary Review</u>:

<u>Имена существительные</u>

беда
безделье
битва
борьба
воспитание
голос
горечь
двор
драка
забота
заезд
заседание
иждивенчество
колея
корабль
лень
лестничная площадка
мальчишка
мордобой
мудрый
наезд
неприкаянность
неприятность
определение
отвлечение
отчаяние
отъезд
побои
подъезд
перебои
печаль
порог
порок
порох
порошок
прах
приезд
проезд
происшедшее
равнодушие
радость
разбойник
развлечение
размышление
распитие
распятие
редакция
самоубийство
сирота
собутыльник
сострадание
соучастник
сражение
срок
судьба
существование
съезд

убийство
убийца
увлечение
чёрствость

<u>Имена прилагательные</u>

беспомощный
вывешен
выездной
неблагополучный
неприкаянный
неравный
обыкновенный
обычный
отвлечённый
привлекательный
противный
разбитый
разбойничий
развлекательный
расхожий
увлекательный
хрупкий

<u>Наречия</u>

впервые
обыкновенно
обычно
совершенно
сокрушённо
сообща
сочувственно

<u>Глаголы</u>

бить\по-(про-)
влечь
восклицать\воскликнуть
выбивать\выбить
дёргать\дёрнуть
жалеть\пожалеть
жаловаться\по-
закладываться
за\суетиться
избивать\избить
кидать\кинуть
навлекать\навлечь
обсуждать\обсудить
оглядываться\оглянуться
оскорблять\оскорбить
осмеливаться\осмелиться
осуждать\осудить
отвлекать/ся\отвлечь/ся
перебивать\перебить

пожимать\пожать плечами
понижать\понизиться
постигать/ся\постигнуть
привлекать\привлечь
противопоставлять\
        противопоставить
развлекать/ся\развлечь/ся
распоясываться\распоясаться
сбивать\сбить
соваться\сунуться
судить
твориться
увлекать/ся\увлечь/ся

<u>ДРУГОЕ</u>

на моих глазах
подниматься на ноги
пожалуй

сбиться с ног
смотреть по сторонам
не суйся

ДОПОЛНИТЕЛЬНОЕ:

Подберите слова с тем же корнем.

борьба _____

драка_____

неравный_____

жалеть_____

осмеливаться_____

твориться_____

срок_____

черствость_____

сторона_____

размышление_____

беспомощный_____

сострадание_____

заседание_____

дернуть_____

сообща_____

понизить_____

осуждать_____

приставание_____

возвращаться_____

кольнуть_____

забота_____

горечь_____

близкий_____

взрослый_____

беда_____

Для Вашего сведения: Почему «трудно и горько» читать эти письма?

Письма в упрёк

Я — НЕ КОМСОМОЛЕЦ	«МЕТАЛЛ» НА ЦЕПИ
И НЕ БЫЛ им. Почему? Постараюсь объяснить Учился в школе хорошо и был единственный от учеников в президиуме на торжественном собрании выпускников. Пока учился, мне раз пять давали заполнить анкету для вступления в ВЛКСМ. Не вступил в комсомол, потому что с легкостью принимали тех, кого я уважать не мог, — людишек хитрых и нечестных. И если раньше, по наивности пионерского возраста, я считал, что в комсомол берут только открытых, умных, боевых, неравнодушных ребят, то позже пришлось разочароваться: членами ВЛКСМ рано или поздно становились почти все. Такой массовый прием в комсомол всех без разбора сродни хорошо продуманной акции, результат которой — растворить авангард молодежи, комсомол, в серой, безликой массе. Считаю, звёздный час комсомола прошёл во времена Павки Корчагина. Они — комсомольцы тех лет — искренне верили в мировую революцию до которой им казалось «рукой подать» — всего один шаг. А такие «мелочи», как собственное благополучие, были не в счёт... На XX съезде ВЛКСМ с пользой для дела может быть решён главный вопрос: кого принимать в комсомол и зачем? Много лет существуют разные клубы по интересам, самодеятельные группы, ансамбли и т.д. Цели их вполне благие. И если им чего недостаёт, так только официального признания, то есть юридической и финансовой самостоятельности. Живу в Коми-Пермяцком национальном округе, рабочий. г. Кудымкар В. ТАЙГА	ХОТЕЛА БЫ, чтобы вы прочитали мое письмо, вам будет полезно. Учусь в медучилище, кстати, неплохо. Меня очень бесит, как вы нападаете на молодёжь. Я металлистка и не переношу, когда охаивают наши увлечения. По вашим убеждениям, я трудновоспитуемая. На голове у меня прическа «британский ужас». Я увлекаюсь «металлом», ношу цепи, браслеты с клёпками. У меня один вопрос: почему вы лезете в наши дела? Какое вам дело до нас? Мы не звери, мы не за Запад. Интересуйтесь пай-мальчиками и пай-девочками. Вы же пишете про них с восторгом, а про нас — с ненавистью. Только вот эти пай-молодые не помогут вам, когда нужно будет. Не поедут они к чёрту на рога строить что-нибудь, не поедут в Афганистан, а поедем мы. Мы — настоящая молодежь! Поедем, потому что ищем самих себя. Поймите же, если вы разрешите металл, откроете магазины с дисками и кассетами металл-групп, с металлическим «обмундированием», то тогда мы успокоимся. Может быть, и металл отойдет. Только не понимаете вы этого. Вы — тупые посредственности, бюрократы. Я ненавижу вас! Может, я и зверь, но я свободный человек. А вы скованы своей посредственостью. Знаю, что вы не напечатаете мое письмо, уверена на 100 процентов. **От редакции**: по штемпелю на конверте мы узнали, что письмо пришло из... Впрочем, это неважно, откуда.

Читать эти письма горько и трудно, но необходимо

«Учительская газета»   26.III.87

Это письмо появилось в «Литературной газете» в 1989 году. Обратите внимание на то, кто его автор, какого он возраста и какая у него фамилия. Идет ли он в ногу со временем? Согласны ли Вы с точкой зрения автора? Не хотите ли Вы возразить ему, написать ему письмо? Какого Вы мнения о людях, которые так думают?

«КАРАТЬ, КАРАТЬ И КАРАТЬ...»

АДРЕС РЕДАКЦИИ ДЛЯ ПИСЕМ:
103654 ГСП-3, Москва К-51, Цветной бульвар, 30.; справочный телефон — 200-24-17.

Уважаемые граждане либералы!

Хочу вам кое-что сказать по поводу стихийного бедствия, охватившего страну, то есть так называемой перестройки, гласности и демократизации. Всюду падение дисциплины, развал, разброд. Союз разваливается — вот до чего довело нас либеральное сюсюканье.

Нет, нам сейчас нужна, как воздух, в первую очередь высочайшая дисциплина. У нас другой путь развития, не такой, как у стран Западной Евроры и Северной Америки. Мы не готовы жить в условиях слишком больших свобод — особенно народы южных республик. Некоторые из них стали фактически неуправляемыми, ввергнуты в анархию и хаос. Этого могло не случиться, если бы не «гласность», которая узаконила все эти митинги, несанкционированные сборища и прочие безобразия. Вместо того чтобы вовремя арестовать и отправить в прохладные места несколько десятков экстремистов, теперь придется переселять куда-нибудь в Казахстан или Сибирь несколько десятков тысяч «горячих парней». Без этого не успокоить...

Только благодаря высочайшей дисциплине наша страна стала великой державой. Сейчас к нам из-за кордона прёт разврат и разложение, и мы с радостью принимаем его в объятья. Запад поставляет сейчас нам не только свои залежалые технологии, но и идеологию разложения в виде волосатых «обезьян», кривляющихся перед зрителями в голом виде. А наши идиоты и рады стараться перенимать все это дерьмо и готовы перещеголять всех этих могингов-токингов. Молодёжь им подражает и теряет веру во всё.

Наркоманов, проституток, хронических алкоголиков и тем более гомосексуалистов людьми можно назвать с большой натяжкой, разве что имея в виду, что они двуногие. Но это не основной признак.

А чтобы зараза СПИДа не расползалась по всей стране, необходимо все эти так называемые «группы риска» немедленно изолировать от общества в спецлагерях. Колючая проволока и сибирский мороз—лучшее для них лекарство. Если этого не сделать сегодня, завтра, быть может, мы погибнем без атомной войны.

Сейчас все средства массовой информации трубят о нашем отставании от западных стран. В чем? В уровне жизни? Ну и бог с ними, пусть живут лучше: разве владение личным автомобилем, дачей или видеомагнитофоном — главное в жизни! Обуты, одеты, сыты—чего еще надо?

Главное—высокая обороноспособность! Ничего не жалеть для армии, в то же время навести там порядок и условия высочайшей дисциплины—за неуставные отношения карать, карать и карать. В то же время необходимо повысить жизненный уровень офицерского состава.

Не думайте, господа пацифисты, что вся Америка в восторге от нашей перестройки и гласности...

Сейчас, когда наше общество и государство переживают небывалый кризис, спасти нас может только жёсткая всеобъемлющая дисциплина. Конечно, меня никто не послушает — не та волна сейчас, — а обществу придется жестоко заплатить за эту самую «гласность».

Письмо мое вы, конечно, не напечатаете, несмотря на вашу «гласность». Что же, у нас скоро будет своя печать! И мы будем отстаивать попранные идеалы социализма!

К сему И. ГРУБЕР,
ветеран НКВД
член союза спасения социализма
АНГАРСК
Иркутской области

«ЛГ» 28.VI.89 № 26 (5248)
стр. 11

Vocabulary Distribution

and

Roots for Special Study

А

авария «В пресс-центре»
августовский «Репортёр погибнет...»
агенство «Кому учиться...»
азарт «Чем труднее...»
акробатический «Чем труднее...»
актер «Чем труднее...»
альт «Звучит альт»
альтист «Звучит альт»
американский «Репортёр погибнет...»
апрельский «Репортёр погибнет...»
артист «Звучит альт»
астронавт «Известия...»

Б

балкон «Случай»
беда «Репортёр погибнет...»
без моего ведома «Известия...»
бездельно «Чужая беда»
безопасность «Прокуроры...»
 безразличный «По Волге...»
бельё «Цех ремонта...»
берёза «Светофор...»
бесконечность «Кому учиться...»
бесконечный «Кому учиться...»
бесплатный «По Волге...»
беспомощный «Возвратите магазин...»
быстрота «Земля...»
битва «Чужая беда»
бить «Чужая беда»
благо «Текут из крана....»
благодаря «Профессия...»
благополучный «Репортёр погибнет...»
благотворительный «Цех ремонта...»
блаженный «День науки»
ближайший «Случай»
бодрый «Профессия...»
болото «Текут из крана....»
болен «Земля...»
боль «Чем труднее...»
больница «Светофор...»
большей частью «Чернобыль...?
большинство «Возвратите магазин...»
большой «Звучит альт»
борт (на борту) «Известия...»
ботинок\ботинки «Возвратите магазин...»
брак «Цех ремонта...»
бригадир «Профессия...»
бросаться\броситься куда? на кого-что?
бросать\бросить кого-что? «Кому
        учиться...»
будни «Текут из крана....»
будний «Текут из крана....»
будущее «Возвратите магазин...»
буквально «Инспектора...»
бурно «Случай...»
буржуазный «Кому учиться...»
бывший «Репортёр погибнет...»
бытовой «Текут из крана....»
бюро добрых услуг «Звучит альт»

В

в конце концов «Кому учиться...»
в общем «Кому учиться...»

в течение «По Волге...»
важен, -а, о. ны «Возвратите магазин...»
вверх «Прокуроры...»
ведь «Известия...»
ведать чем? «Известия...»
ведать что? «Известия...»
велосипед «Забытые вещи»
вера «Известия...»
верить\поверить кому-чему? в кого?
        «Возвратите магазин...»
верный «Чернобыль..»
вероисповедание «Известия...»
верхний «Прокуроры...»
верховая езда «Прокуроры...»
верховный «Прокуроры...»
вершина «Прокуроры...»
весть «Известия...»
вестибюль «Забытые вещи»
весточка «Известия...»
весьма «Звучит альт»
ветеран «Возвратите магазин...»
взгляд «По Волге...»
взглядывать\взглянуть «По Волге...»
взрыв «Чернобыль..»
вид «По Волге...»
видеомагнитофон «Забытые вещи»
видимо «Светофор...»
видный «День науки»
визуальный «Известия...»
вина (по чьей вине?) «Светофор...»
вклад «Земля...»
включать\включить что? «Известия...»
владение «Забытые вещи»
влечь «Чужая беда»
влияние «Случай...»
вместе «Звучит альт»
вместительный «Цех ремонта...»
вмещаться\вместиться «Цех ремонта...»
Внешторг «Возвратите магазин...»
внимание «Случай...»
внимательный «По Волге...»
внушать\внушить «Чем труднее...»
во время «По Волге...»
водитель «Погоня...»
водительские права «Светофор...»
водозабор «Текут из крана....»
водопровод «Текут из крана....»
воевать с кем? «Репортёр погибнет...»
военный «Репортёр погибнет...»
возводить\возвести «Цех ремонта...»
возвращать\возвратить что? кому?
        «Забытые вещи»
возможный «Инспектора...»
воинственный «Репортёр погибнет...»
воинствующий «Репортёр погибнет...»
война «Репортёр погибнет...»
вокзал «Забытые вещи»
вообще «Кому учиться...»
вооружение «Земля...»
воочию «Профессия...»
вор «Случай...»
воровать\своровать что? «Случай...»
восклицать\воскликнуть «Чужая беда»
воспитание «Чужая беда»

восхитительный «Чем труднее...»
восхищать\восхитить+кого-что? «Чем труднее...»
восхищаться\восхититься+кем-чем? «Чем труднее...»
восхищение «Чем труднее...»
впервые «День науки»
впечатление «Цех ремонта...»
враг «Кому учиться...»
время «Профессия...»
время «Звучит альт»
всемирный «Репортёр погибнет...»
всё ещё «Светофор...»
всё-таки «Текут из крана....»
вскользь «Кому учиться...»
вступать\вступить куда? «Звучит альт»
вступительный «Звучит альт»
вступление «Звучит альт»
выбивать\выбить что? «Чужая беда»
вывешен «Чужая беда»
выводить\вывести что? «Известия...»
выглядеть +каким? «По Волге...»
выглядывать\выглянуть «По Волге...»
выгода «Чем труднее...»
выгодный «Чем труднее...»
выгонять\выгнать кого-что? «Случай...»
выдерживать\выдержать что? «Случай...»
выдерживать\выдержать экзамен «Прокуроры...»
выдающийся «Чернобыль..»
выездной «Чужая беда»
вынужден «Кому учиться...»
выполнять\выполнить что? «Цех ремонта...»
выполнять\выполнить+что? «Звучит альт»
выполнение «Звучит альт»
выражать\выразить «Чем труднее...»
выручать\выручить кого? «Возвратите магазин...»
выручка «Возвратите магазин...»
вырываться\вырваться откуда? «Случай...»
высказывание «Кому учиться...»
выступление «Цех ремонта...»
выходить\выйти из строя «Цех ремонта...»
выходной день «Текут из крана....»
вычёркивать\вычеркнуть+что?+из чего? «Прокуроры...»
выяснение «Светофор...»
выяснять\выяснить что? «Текут из крана....»
выясняться\выясниться «Светофор...»
выясняться\выясниться «Случай...»
вяз «Забытые вещи»
вязать «Забытые вещи»

Г

ГАИ «Случай...»
гибель «Чернобыль..»
главный «Погоня...»
гладильный «Профессия...»
гладильщица «Профессия...»
гладить\погладить кого-что? «Профессия...»
гладкий «Профессия...»
гладь «Профессия...»

глаженый / неглаженый «Профессия...»
глядеть\поглядеть «По Волге...»
гнать спирт «»
гнать\погнать кого-что? куда? «Случай...»
гнаться\погнаться за кем-чем? «Случай...»
годиться\пригодиться+кому? «Чем труднее...»
годный «Чем труднее...»
голос «Текут из крана....»
голос «Чужая беда»
гонка вооружений «Прокуроры...»
гонки «Прокуроры...»
гоняться\погоняться за кем-чем? «Прокуроры...»
горбатый «Светофор...»
гореть\сгореть «Текут из крана....»
горечь «Чужая беда»
государственный «День науки»
государство «Репортёр погибнет...»
грязный «Чернобыль...»
грязный «Чернобыль...»
грязь «Чернобыль...»
грабёж «Случай...»
грабить\ограбить кого-что? «Случай...»
гражданский «Прокуроры...»
греть кого-что? «Текут из крана....»
греться «Текут из крана....»
грипп «Чернобыль...»
груз «Случай...»
грузовая машина «Случай...»
грузовик «Случай...»
грузчик «Случай...»

Д

давление «Репортёр погибнет...»
далеко «По Волге...»
дважды «Текут из крана....»
двое «Случай...»
двор «Чужая беда»
двуликий «По Волге...»
деваться\деться «Забытые вещи»
дежурная часть «Случай...»
действительно «Звучит альт»
действительность «Звучит альт»
действительный «Звучит альт»
действовать\по- на кого-что? «Звучит альт»
декабрь «Репортёр погибнет...»
декларация «Репортёр погибнет...»
делать\сделать вид «Прокуроры...»
делегация «День науки»
демократический «Репортёр погибнет...»
депутат «Текут из крана....»
деревня «Возвратите магазин...»
держава «Случай...»
держать\подержать что? «Случай...»
держаться за что? «Случай...»
дешевле «По Волге...»
дешёвый «По Волге...»
деяние «Звучит альт»
деятель «Кому учиться...»
деятельность «Звучит альт»
дёргать\дёрнуть «Чужая беда»
диспетчер «Цех ремонта...»

дисциплинированный / не- «Светофор...»
длинный «Кому учиться...»
до сих пор «Текут из крана....»
доверие «Известия...»
доверчивость «Известия...»
доверчивый «Известия...»
доверять\доверить что? кому?
   «Известия...»
договаривать «Кому учиться...»
догонять\догнать кого-что?
   «Прокуроры...»
дожидаться\дождаться «Возвратите
магазин...»
Дом союзов «День науки»
домостроительный комбинат «Цех ремонта...»
дополнение «Звучит альт»
дополнительный «Звучит альт»
дорожно-транспортный «Светофор...»
доска «Профессия...»
доставлять\доставить кого-что? куда?
   «Светофор...»
доставать\достать+что? «Светофор...»
доставаться\достаться кому? «Светофор...»
достоверный «В пресс-центре»
доступ «Звучит альт»
доступный «Возвратите магазин...»
доставка «Светофор...»
драка «Чужая беда»
драматичный «Чем труднее...»
дублер «Известия...»
дух «Чем труднее...»

Ж
жадность «Земля...»
жалеть «Чужая беда»
жаловаться \по- на кого-что? куда?
   «Возвратите магазин...»
желание «Возвратите магазин...»
желудок «Текут из крана....»
живой «Цех ремонта...»
жизненно (важен) «Возвратите магазин...»
журналист «Репортёр погибнет...»

З
забирать\забрать что у кого? «Чем
труднее...»
забастовка «Чернобыль..»
забота «Чужая беда»
заботиться\по- о ком-чем? «Профессия...»
забытое «Забытые вещи»
заведовать чем? «Известия...»
заведовать чем? «Забытые вещи»
заведующий чем? «Забытые вещи»
завершать\завершить что? «Известия...»
завершать\завершить+что? «Прокуроры...»
завершение «Текут из крана....»
зависеть от кого-чего? «По Волге...»
загар «Текут из крана....»
заглядывать\заглянуть «По Волге...»
загорать\загореть «Текут из крана....»
загружать\загрузить что? «Случай...»
загрязненный «Чернобыль..»
задание «Возвратите магазин...»

задерживать\задержать кого-что?
   «Случай...»
задерживаться\задержаться где?
   «Случай...»
задержка «Случай...»
задумываться\задуматься «По Волге...»
заезд «Чужая беда»
зажигать\зажечь «Текут из крана...»
заказ «Цех ремонта...»
заказчик «Цех ремонта...»
закладываться «Чужая беда»
закупочный «Возвратите магазин...»
зал «День науки»
замедлять\замедлить что? «Светофор...»
замена «Текут из крана....»
заменять\заменить кого-что? «Текут из
крана....»
заметка «День науки»
замечание «День науки»
замечательный «День науки»
замечать\заметить кого-что? «Случай...»
замок зажигания «Погоня...»
запах «Текут из крана....»
записка «Репортёр погибнет...»
записная книжка «Репортёр погибнет...»
записывать\записать что? «Репортёр
погибнет...»
записываться\записаться куда? «Репортёр
погибнет...»
запись «Репортёр погибнет...»
запланированный «Известия...»
заполнять\заполнить что? «Звучит альт»
заправлять\заправить что? «Известия...»
заправляться\заправиться чем?
   «Известия...»
заправочная станция «Известия...»
заправочный «Известия...»
заражать\заразить «Чем труднее...»
заражаться\заразиться «Чем труднее...»
заражение «Чем труднее...»
зараза «Чем труднее...»
заря (зори *pl.*) «Погоня...»
заседание «Чужая беда»
заслон «Погоня...»
заслуга «Звучит альт»
заслуженный «Звучит альт»
заслуживать\заслужить «Звучит альт»
затем «Возвратите магазин...»
заявлять\заявить что? кому? «Профессия...»
звать\позвать кого? «Репортёр погибнет...»
звонить\позвонить кому? куда? «Текут из
крана....»
звучать «Звучит альт»
здание «Репортёр погибнет...»
здоровье «Профессия...»
зеркало «Прокуроры...»
злодей/ка «Звучит альт»
знак «Светофор...»
знамя «Профессия...»
значительно «Цех ремонта...»
зонт (зонтик) «Забытые вещи»
зрелище «Прокуроры...»
зритель «Прокуроры...»
зрительный зал «Прокуроры...»

зря «Прокуроры...»

И

избивать\избить кого? «Чужая беда»
известие «Известия...»
известно «Кому учиться...»
известный «День науки»
известный «Известия...»
извещать\известить кого? «Известия...»
изгнание «Прокуроры...»
изгонять\изгнать кого-что? «Прокуроры...»
изготовляться «Текут из крана....»
излечимый / неизлечимый «Чернобыль...»
измена «Текут из крана....»
изменение «Текут из крана....»
изменник «Текут из крана....»
изменчивый «Текут из крана....»
именно «Возвратите магазин...»
иметь+что? «Светофор...»
иметь место «День науки»
иметь право «Кому учиться...»
империя «Чернобыль..»
импульс «Чем труднее...»
имя «Профессия...»
инвалид «Возвратите магазин...»
иностранный «Цех ремонта...»
иностранный «В пресс-центре»
интерес «Чем труднее...»
инспектор (n. pl. инспектора) «Случай...»
интересоваться\за- кем-чем? «Случай...»
информировать «По Волге...»
исключение «По Волге...»
искусство «Чем труднее...»
исполнять\исполнить что? «Цех ремонта...»
исполнять\исполнить+что? «Звучит альт»
исполнение «Звучит альт»
исполнитель «Звучит альт»
исполнительский «Звучит альт»
исправительный «Светофор...»
исправлять\исправить кого-что? «Светофор...»
исследование «В пресс-центре»
исследовать что? «В пресс-центре»
источник «Текут из крана....»
итальянский «Репортёр погибнет...»
июльский «Репортёр погибнет...»
июньский «Репортёр погибнет...»

К

к сожалению «Случай...»
кабина «По Волге...»
канистра «Текут из крана....»
капиталовложение «Земля...»
кастрюля «Текут из крана....»
катастрофа «Чернобыль...»
категория «По Волге...»
кашель «Чернобыль...»
каюта «По Волге...»
кидать\кинуть кого-что? «Чужая беда»
клад «Забытые вещи»
кладбище «Забытые вещи»
кладовая «Забытые вещи»

класть\положить кого-что? куда? «Цех ремонта...»
колбаса «Случай...»
колея «Чужая беда»
колледж «Кому учиться...»
коллектив «Профессия...»
колонка «Текут из крана....»
колонна «День науки»
кольцевой «Светофор...»
коляска (детская) «Забытые вещи»
команда «Известия...»
командир «Известия...»
комиссионный магазин «Забытые вещи»
комитет «День науки»
комментировать «Погоня...»
комната со столом «Забытые вещи»
компьютер «Цех ремонта...»
конечный «Кому учиться...»
конкурс «Профессия...»
конструктор «День науки»
конфликт «Земля...»
кончать\кончить что? «Кому учиться...»
кончаться\кончиться «Кому учиться...»
кончик «Кому учиться...»
кончина «Кому учиться...»
корабль «Известия...»
космический «Известия...»
космонавт «Известия...»
кража «Случай...»
кран «Текут из крана....»
красть\украсть что у кого? «Случай...»
критика (чего?) «Кому учиться...»
кроме того «Звучит альт»
кругозор «Погоня...»
кружка «Текут из крана....»
крыша «Чернобыль...»
культура «Чем труднее...»
купать\выкупать кого? «Текут из крана....»
курс «Известия...»
курсировать «По Волге...»
кухонный комбайн «Забытые вещи»

Л

ладить с кем? «Цех ремонта...»
ладно «Цех ремонта...»
легковая машина «Случай...»
лекарь «Чернобыль...»
лекарство «Чернобыль...»
лекарственный «Чернобыль...»
лентяй «Цех ремонта...»
лень «Чужая беда»
лестница «Случай...»
лестничная площадка «Чужая беда»
лететь\полететь «Известия...»
лечебница «Цех ремонта...»
лечебный «Чернобыль...»
лечение «Чернобыль...»
лечить\вылечить «Чернобыль...»
лечиться где? (у кого?) «Цех ремонта...»
ликвидировать «Возвратите магазин...»
литература «Чем труднее...»
лицо «Текут из крана....»
личный «Светофор...»
ложь «Возвратите магазин...»

М

магнитофон «Забытые вещи»
майор «Случай...»
майский «Репортёр погибнет...»
мальчишка «Чужая беда»
мартовский «Репортёр погибнет...»
мастер «Цех ремонта...»
мастерская «Цех ремонта...»
мастерски «Цех ремонта...»
мастерство «Цех ремонта...»
медвежья услуга «Звучит альт»
мелочь «Чем труднее...»
мемориальная доска «Репортёр
    погибнет...»
менять\поменять кого-что? «Текут из
    крана....»
меняться\поменяться чем? с кем? «Текут
    из крана....»
местечко «Цех ремонта...»
местный «Цех ремонта...»
месячный (зарплата) «Возвратите магазин...»
метр «Возвратите магазин...»
мешать\по- кому-чему? «Цех ремонта...»
микрокалькулятор «Забытые вещи»
милиция «Случай...»
мина «Прокуроры...»
мир «Репортёр погибнет...»
многообразие «Звучит альт»
множество «Профессия...»
могила «Светофор...»
мордобой «Чужая беда»
Моссвязь «Забытые вещи»
мрак «Чем труднее...»
мудрый «Чужая беда»
мыс «Известия...»
мэр «Возвратите магазин...»

Н

на моих глазах «Чужая беда»
неважный «Профессия...»
наверно «Известия...»
наверное «Известия...»
навлекать\навлечь «Чужая беда»
навык «Профессия...»
надежда «Чем труднее...»
надёжный «Цех ремонта...»
надеяться\по- на кого? что? «Возвратите
    магазин...»
надписывать\надписать что? «Репортёр
    погибнет...»
надпись «Репортёр погибнет...»
наезжать\наехать на кого-что?
    «Светофор...»
назад «День науки»
название «Репортёр погибнет...»
называть\назвать кого-что? «Цех ре-
    монта...»
наказывать\наказать кого за что? «Текут из
    крана....»
наполнять\наполнить+что? «Звучит альт»
направо «Светофор...»
нарушение «Текут из крана....»
население «Возвратите магазин...»

настольные часы «Забытые вещи»
настраивать\настроить кого-что? «Текут
    из крана....»
настроение «Текут из крана....»
настройщик «Текут из крана....»
наука «День науки»
начальник «Текут из крана....»
начальник «Забытые вещи»
начальник «Светофор...»
наяву «Профессия...»
не покладая рук «Забытые вещи»
небезызвестный «Известия...»
не/благополучный «Чужая беда»
невероятно «Земля»
негодяй «Чем труднее...»
негодный «Чем труднее...»
не/доступный «Звучит альт»
не\дорогой «Возвратите магазин...»
незакрытый «Случай...»
незамедлительно «Светофор...»
не/излечимый «От Совета министров»
неисправность «Цех ремонта...»
нелады «Цех ремонта...»
необычайный «Забытые вещи»
неполадки «Цех ремонта...»
неправда «Светофор...»
неприкаянность «Чужая беда»
неприкаянный «Чужая беда»
неприятность «Чужая беда»
не/равный «Чужая беда»
неразрешённый «Светофор...»
нередкий «Случай...»
несправедливость «Возвратите магазин...»
нести службу «Случай...»
нести службу «Звучит альт»
несчастный «Чернобыль...»
несчастье «Чернобыль...»
неудача «Профессия...»
неудобный «Цех ремонта...»
неуместно «Цех ремонта...»
новопредставленный «Забытые вещи»
ноябрьский «Репортёр погибнет...»

О

обворовать кого-что? «Случай...»
обеспечивать\обеспечить что? «Репортёр
    погибнет...»
обещать\по- что+кому? «Возвратите
    магазин...»
обжигаться\обжечься чем? на чем? «Текут
    из крана....»
обменивать\обменять что? «Текут из
    крана....»
обмениваться\обменяться чем? «Текут из
    крана....»
обнаружение «Цех ремонта...»
обнаруживаться\обнаружиться где?
    «Забытые вещи»
оборудование «Цех ремонта...»
образцовый «Возвратите магазин...»
обращать\обратить внимание на кого-что?
    «Светофор...»
обращаться\обратиться к кому? «Возвратите
    магазин...»

обстоятельство,-а «Профессия...»
обслуживать кого? «Звучит альт»
обсуждать/обсудить кого-что? «Чужая беда»
общественность «День науки»
общий «Профессия...»
общий «Кому учиться...»
объединение «Профессия...»
объявлять\объявить что? кому? «Профессия...»
объяснять\объяснить что? кому? «Светофор...»
объяснение «Светофор...»
объявление «Профессия...»
обыкновенно «Чужая беда»
обыкновенный «Чужая беда»
обычный / обычно «Чужая беда»
оглядываться\оглянуться «По Волге-реке»
оглядываться\оглянуться «Чужая беда»
ожог «В пресс-центре....»
ожог «Текут из крана....»
озон «Земля...»
оказывать\оказать что? кому? «Случай...»
оказываться\оказаться «Репортёр погибнет...»
окружающий «Чем труднее...»
октябрьский «Репортёр погибнет...»
опасность «Земля...»
опасный «Репортёр погибнет...»
определение «Чужая беда»
оптовый «Светофор...»
опыт «Профессия...»
орбита «Известия...»
орбитальный «Известия...»
организация «Возвратите магазин...»
осина «Светофор...»
оскорблять\оскорбить кого? «Чужая беда»
оснащён «Цех ремонта...»
основательный «Светофор...»
оставаться\остаться+где? «Светофор...»
оставлять\оставить+кого-что? где? «Светофор...»
оставлять\оставить что? где? «Забытые вещи»
остальной «Забытые вещи»
остаток «Светофор...»
осуждать\осудить кого-что? «Чужая беда»
осуществлять\осуществить что? «Цех ремонта...»
ответственный «Текут из крана....»
отвлекать\отвлечь «Чужая беда»
отвлечение «Чужая беда»
отвлеченный «Чужая беда»
отвозить\отвезти кого-что? «Цех ремонта...»
отвыкать\отвыкнуть от кого? чего? «Профессия...»
отдавать\отдать что? кому? «Забытые вещи»
отдел ««Возвратите магазин...»
отделение «Случай...»
отдых «Возвратите магазин...»
отечественный «Цех ремонта...»

отечество «Цех ремонта...»
открываться\открыться «Репортёр погибнет...»
открытие «Возвратите магазин...»
отмечать\отметить+что? «Репортёр погибнет...»
отписка «Возвратите магазин...»
отправляться\отправиться куда? «Забытые вещи»
отстаивать\отстоять что? «День науки»
отступать\отступить от кого-чего? «Звучит альт»
отступление «Звучит альт»
отсутствие «Светофор...»
оттенок «Текут из крана....»
отчаяние «Чужая беда»
отъезд «Чужая беда»
оценивать\оценить что? «Забытые вещи»
оценка (дать оценку чему-то) «Светофор...»
очерк «Прокуроры...»
очистка «Чернобыль...»
очищать\очистить «Чернобыль...»

П

падеж «Цех ремонта...»
Палата представителей «Забытые вещи»
перебегать\перебежать что? «Светофор...»
перебивать\перебить кого-что? «Чужая беда»
перебой «Чужая беда»
перевыполять\перевыполнить что? «Звучит альт»
перегонять\перегнать «Прокуроры...»
перегорать\перегореть «Текут из крана....»
перекачка «Известия...»
перемена «Текут из крана....»
переменять\переменить кого-что? «Текут из крана....»
переоценить что? «Профессия...»
переписка «Репортёр погибнет...»
переправлять\переправить+кого-что? «Светофор...»
переселяться\переселиться куда? «Возвратите магазин...»
переход «Светофор...»
перчатка «Забытые вещи»
петь\спеть «Чем труднее...»
печаль «Чужая беда»
печать «Репортёр погибнет...»
пешеход «Светофор...»
писатель «Репортёр погибнет...»
писать «Репортёр погибнет...»
письмо «Репортёр погибнет...»
питание «Возвратите магазин...»
пища «Текут из крана....»
племя «Профессия...»
побои «Чужая беда»
поведать кому? что? «Известия...»
поведение «Светофор...»
повествователь «Известия...»
повествовать о чём? «Известия...»
повестка «Известия...»
повесть «Известия...»

поврежденный «Чернобыль...»
погибать\погибнуть «Репортёр погибнет...»
погружаться\погрузиться во что?
     «Случай...»
подавать\подать заявление «Профессия...»
подбодрять\подбодрить кого?
     «Профессия...»
поддерживать\поддержать кого-что?
     «Случай...»
поддержка «Случай...»
поджигать\поджечь что? «Текут из
     крана...»
подземный «Забытые вещи»
подозревать «Прокуроры...»
поднимать\поднять кого на ноги «Чужая
     беда»
подписывать\подписать что? «Репортёр
     погибнет...»
подпись «Репортёр погибнет...»
подчеркивать\подчеркнуть «Прокуроры»
покидать \покинуть что? кого? «Возвратите
     магазин...»
покупатель «Возвратите магазин...»
пожалуй «Чужая беда»
пожарная лестница «Случай...»
пожимать\пожать плечами «Чужая беда»
позже «Светофор...»
полёт «Известия...»
политический «Репортёр погибнет...»
полка «Забытые вещи»
полнеть\пополнеть «Звучит альт»
полный «Звучит альт»
полным полно «Звучит альт»
положение «Профессия...»
полон+чего? «Звучит альт»
пользоваться «Прокуроры...»
получаться\получиться «Профессия...»
поместительный «Цех ремонта...»
поместье «Цех ремонта...»
помещать\поместить кого-что куда? «Цех
     ремонта...»
помещаться\поместиться «Цех ремонта...»
помещение «Цех ремонта...»
помещик «Цех ремонта...»
помещичий «Цех ремонта...»
помощь «Случай...»
понижать\понизить в должности «Чужая
     беда»
попадать\попасть куда? «Светофор...»
пополнять\пополнить «Чем труднее...»
поправлять/ся\поправить\ся
     «Известия...»
поправлять\поправить+кого-что?
     «Известия...»
порог «Чужая беда»
порок «Чужая беда»
порох «Чужая беда»
порошок «Чужая беда»
поручать\поручить+кому-что?
     «Возвратите магазин...»
(поручень) поручни «Возвратите
     магазин...»
посвящать\посвятить +что кому-чему?
     «Звучит альт»

посвящать\посвятить+что кому-чему?
     «День науки»
посвящение «День науки»
посетитель «Забытые вещи»
поселок «Возвратите магазин...»
последний «Чем труднее...»
после того, как «Репортёр погибнет...»
постепенно «Профессия...»
пострадавший «Чернобыль...»
постигать\постигнуть «Чужая беда»
поступать\поступить куда? «Звучит альт»
поступление «Звучит альт»
поступок «Звучит альт»
посылать\послать что? куда? «Забытые
     вещи»
поток «Текут из крана...»
поток «Светофор...»
похититель «Чем труднее...»
похищать\похитить «Чем труднее...»
появление «Профессия...»
появляться\появиться где? «Профессия...»
появляться\появиться где? «Текут из
     крана...»
пояснять\пояснить «Светофор...»
правда «Репортёр погибнет...»
правдивость «Светофор...»
правдивый «Светофор...»
правдоподобный /не- «Светофор...»
правительство «Репортёр погибнет...»
право «Светофор...»
православие «Светофор...»
православный «Светофор...»
правота «Светофор...»
правый «Светофор...»
праздник «День науки»
прачечная «Профессия...»
прах «Чужая беда»
превращение «Земля...»
превышать\превысить «Прокуроры»
предлагать\предложить что? кому «Цех
     ремонта...»
предлог «Цех ремонта...»
предложение «Цех ремонта...»
предложный «Цех ремонта...»
предмет «Забытые вещи»
предок (предки) «Цех ремонта...»
предотвращать\предотвратить «Земля...»
предотвращение «Земля...»
предполагать\предположить «Известия...»
председатель «Возвратите магазин...»
представитель «Забытые вещи»
представительный «Забытые вещи»
представительство «Забытые вещи»
представление «Забытые вещи»
представлять\представить кого-что?
     «Забытые вещи»
представляться\представиться кому?
     «Забытые вещи»
предусматривать\предусмотреть
     «Известия...»
презрение «Профессия...»
прекращать\прекратить что? «Известия...»
премьер «Чем труднее...»

препятствовать\вос- кому-чему? «Цех ремонта...»
преследовать кого? за что? «Репортёр погибнет...»
пресса «Репортёр погибнет...»
преступление «Звучит альт»
привыкать\привыкнуть к кому? чему? «Профессия...»
привычка «Профессия...»
привычный «Профессия...»
прием «Возвратите магазин...»
прибор «Цех ремонта...»
прибывать\прибыть куда? «День науки»
привлекательный «Чужая беда»
привлекать\привлечь кого-что? «Чужая беда»
привыкать\привыкнуть к кому? чему? «Возвратите магазин...»
приезд «Чужая беда»
призвание «Репортёр погибнет...»
призыв «Возвратите магазин...»
призывать\призвать кого? «Репортёр погибнет...»
примета «День науки»
примета «Забытые вещи»
примечание «День науки»
примечать\приметить+кого-что? «День науки»
принимать\принять решение «Репортёр погибнет...»
принцип «Чем труднее...»
приобретать\приобрести что? «Возвратите магазин...»
прислуга «Звучит альт»
пристройка «Возвратите магазин...»
проблема «Возвратите магазин...»
проверка «Известия...»
проверочная работа «Известия...»
проверочный «Известия...»
проверять\проверить кого-что? «Известия...»
проводить\провести что? «День науки»
прогулочный «Забытые вещи»
продавец «Возвратите магазин...»
продажа «Забытые вещи»
продолжать\продолжить что? «Известия...»
продуктивный «Чем труднее...»
продукты «Возвратите магазин...»
проезд «Чужая беда»
произведение «Цех ремонта...»
производить\произвести+что? «Цех ремонта...»
производственное объединение «Цех ремонта...»
производство «Цех ремонта...»
происхождение «Случай...»
происшедшее «Чужая беда»
происшествие «Случай...»
происшествие «Светофор...»
проникать\проникнуть куда? «Случай...»
пропадать\пропасть без вести «Репортёр погибнет...»
проповедовать что? «Известия...»

проспект «Текут из крана...»
просторный «Цех ремонта...»
простуда «Чернобыль...»
протекать\протечь «Текут из крана....»
протестовать\за- против кого-чего? «Случай...»
противный / противно «Чужая беда»
профессия «Репортёр погибнет...»
прошлый «Профессия...»
проявлять\проявить что? «Профессия...»
проясняться\проясниться «Светофор...»

Р
работница «Светофор...»
равнодушие «Чужая беда»
равнодушный /равнодушно «Возвратите магазин...»
радость «Чужая беда»
радиация «Чернобыль...»
радиоактивный «Чернобыль...»
разбивать\разбить что? «Чужая беда»
разбирать\разобрать+что? «День науки»
разбирать\разобрать что? «Текут из крана....»
разбираться\разобраться в чём? «День науки»
разбираться\разобраться «Текут из крана....»
разбойник «Чужая беда»
разбойничий «Чужая беда»
развлекательный «Чужая беда»
развлекать\развлечь кого? «Чужая беда»
развлечение «Чужая беда»
разгружать\разгрузить что? «Случай...»
раздевалка «Возвратите магазин...»
разменивать\разменять что? «Текут из крана....»
размещаться\разместиться где? «Цех ремонта...»
размышление «Чужая беда»
разруха «Земля...»
район «Возвратите магазин...»
раковина «Текут из крана....»
раскрывать\раскрыть кого-что? «Случай...»
распитие «Чужая беда»
распоясываться «Чужая беда»
распятие «Чужая беда»
расследовать «Прокуроры...»
расстраивать\расстроить кого-что? «Текут из крана....»
расстройство «Текут из крана....»
расхожий «Чужая беда»
расходы «Земля...»
реальность «Чернобыль...»
ревматизм «Чернобыль...»
редакция «Чужая беда»
редкий «Звучит альт»
редкий / не- «Светофор...»
результат «Светофор...»
ремонтировать\от- что? «Цех ремонта...»
репортёр «Репортёр погибнет...»
решать\решить+что? «Репортёр погибнет...»

решаться\решиться на что? «Репортёр погибнет...»

решение «Репортёр погибнет...»

решительность «Репортёр погибнет...»

решительный решать\решить+что? «Репортёр погибнет...»

ржаветь «Текут из крана....»

ржавчина «Текут из крана....»

ржавый «Текут из крана....»

риск «Земля...»

рискованный «Репортёр погибнет...»

родник «Текут из крана....»

российский «Земля...»

русский «Репортёр погибнет...»

ручаться\поручиться за кого-что? «Возвратите магазин...»

рушиться\рухнуть «Возвратите магазин...»

рыбный «Светофор...»

С

садиться\сесть за руль «Светофор...»

самодеятельность «Звучит альт»

самообслуживание «Звучит альт»

самостоятельно «Светофор...»

самоубийство «Чужая беда»

самоуправление «Светофор...»

сапог «Забытые вещи»

сбивать\сбить кого-что+откуда? «Чужая беда»

сбиваться\сбиться с ног «Чужая беда»

светофор «Светофор...»

свобода «Репортёр погибнет...»

свободный «Репортёр погибнет...»

связка ключей «Забытые вещи»

связываться\связаться с кем-чем? «Забытые вещи»

связь «Забытые вещи»

святой «День науки»

священник «День науки»

священный «День науки»

сдавать\сдать «Чем труднее...»

сдаваться\сдаться «Чем труднее...»

сдержанный «Случай...»

сдерживать\сдержать «Случай...»

сдерживаться\сдержаться «Случай...»

селить\поселить+ кого? где? «Возвратите магазин...»

селиться\поселиться +где? «Возвратите магазин...»

село «Возвратите магазин...»

сельский «Возвратите магазин...»

сельское хозяйство «Возвратите магазин...»

сельскохозяйственный «Возвратите магазин...»

семя «Профессия...»

сентябрьский «Репортёр погибнет...»

сила «Чем труднее...»

сильный «Светофор...»

симфония «Звучит альт»

сирота «Чужая беда»

система «Известия...»

склад «Забытые вещи»

складка «Профессия...»

складной «Цех ремонта...»

складывать\сложить что? «Цех ремонта...»

складываться\сложиться «Профессия...»

следовать «Светофор...»

сложный «Цех ремонта...»

слой «Земля...»

слуга «Звучит альт»

служанка «Звучит альт»

служба «Звучит альт»

служебный «Звучит альт»

служить «Звучит альт»

случай «Репортёр погибнет...»

смена «Текут из крана....»

сменять\сменить кого-что? «Текут из крана....»

смещать\сместить кого-что? «Цех ремонта...»

смолкать\смолкнуть «Случай...»

сносить\снести+что? «Цех ремонта...»

собираться\собраться «День науки»

собор «День науки»

собрание «День науки»

собутыльник «Чужая беда»

совать/ся\сунуть/ся «Чужая беда»

совершать\совершить «Прокуроры...»

совершеннолетний «Прокуроры...»

совет «Светофор...»

совершенствовать \ы «Прокуроры...»

совершенствоваться\у- «Прокуроры...»

совершённый «Прокуроры...»

совместный «Известия...»

содействовать чему? «Звучит альт»

содержание «Случай...»

содержать кого-что? «Случай...»

содержимое «Случай...»

сожаление «Случай...»

создавать\создать что? «Возвратите магазин...»

создание «Чем труднее...»

.соковыжималка «Забытые вещи»

сокращать\сократить что? «Цех ремонта...»

сокрушённо «Чужая беда»

соната «Звучит альт»

солидарность «Возвратите магазин...»

сорочка «Профессия...»

состав «Профессия...»

состав «Текут из крана....»

состояние «Светофор...»

состояние «День науки»

состоятельный .. «День науки»

состоять из кого-чего? в чём? «День науки»

сострадание «Чужая беда»

сотрудник; сотрудница «Светофор...»

сотрудничество «Известия...»

соучастник «Чужая беда»

сочувственно «Чужая беда»

сочувствовать кому? «Текут из крана....»

союз «Известия...»

спектакль «Чем труднее...»

специализированный «Возвратите магазин...»

справа «Светофор...»

справка «Известия...»

справляться\справиться с чем «Светофор...»
справляться\справиться «Известия...»
справочное бюро «Известия...»
сражение «Чужая беда»
среда «Земля...»
средство «Земля...»
срок «Цех ремонта...»
стабильный «Известия...»
стаж «Известия...»
станция «Известия...»
становиться\стать «Земля...»
стараться\постараться «Звучит альт»
старик «Возвратите магазин...»
стартовать «Известия...»
статья «Чем труднее...»
стационарный «Цех ремонта...»
стесняться «Профессия...»
стоимость «Возвратите магазин...»
стол «Забытые вещи»
столичный «Забытые вещи»
стольный «Забытые вещи»
столяр «Забытые вещи»
стоять\по- «Возвратите магазин...»
страдание «Чернобыль...»
страна «Репортёр погибнет...»
«страна «День науки»
строитель «Текут из крана....»
строительство «Возвратите магазин...»
строить\построить что? «Текут из крана....»
стройка «Текут из крана....»
стыковка «Известия...»
судить кого? по чему? «Чужая беда»
судьба «Чужая беда»
сумка «Забытые вещи»
сумочка «Забытые вещи»
существование «Чужая беда»
сходиться\сойтись «День науки»
счастливец «Чернобыль...»
счастливый «Чернобыль...»
счастье «Чернобыль...»
съезд «Чужая беда»
сырокопчёный «Случай...»

Т

танцевать «Чем труднее...»
танцовщица «Кому учиться...»
твориться «Чужая беда»
театр «Чем труднее...»
театральный «Чем труднее...»
театрализованный «Кому учиться...»
текущий «Текут из крана....»
теплоход «По Волге...»
течь\потечь «Текут из крана....»
технический «Земля...»
технологический «Цех ремонта...»
типичный «Кому учиться...»
тирада «Кому учиться...»
товар «Возвратите магазин...»
ток «Текут из крана....»
тому подобное «Кому учиться...»
тонкий «Земля...»
торговать чем? «Возвратите магазин...»

торговаться с кем? «Возвратите магазин...»
торговля «Возвратите магазин...»
торговый центр «Случай...»
торговый ««Возвратите магазин...»
торжественный «День науки»
травма «Светофор...»
трагедия «Кому учиться...»
трагичный «Кому учиться...»
тратить\по- «Земля...»
требование «Возвратите магазин...»
требовать\потребовать кого-чего? что? «Возвратите магазин...»
требовать\потребовать чего и что? «Текут из крана....»
требоваться\потребоваться «Профессия...»
трезвый / не- «Светофор...»
трест «Цех ремонта...»
трест «Возвратите магазин...»
труд «Кому учиться...»
труд «Профессия...»
трудовой «Профессия...»
трус «Кому учиться...»
тысяча «Земля...»
тяжёлый «Случай...»
тяжкий «Прокуроры...»

У

убийство «Чужая беда»
убийца «Чужая беда»
уборщик «Светофор...»
уважение «Профессия...»
уважаемый «Возвратите магазин...»
уважение «Профессия...»
уверенный «Текут из крана....»
увлекать\увлечь кого-что? «Прокуроры...»
увлекаться\увлечься кем-чем? «Прокуроры...»
увлечение «Прокуроры...
угодно «Чем труднее...»
угождать\угодить «Чем труднее...»
угон «Прокуроры...»
угонщик «Прокуроры...»
угонять\угнать что? «Прокуроры...»
удаваться\удаться+кому сделать что? «Случай...»
удлинять\удлинить+что? «Цех ремонта...»
удостоверение «Светофор...»
ужасный «Цех ремонта...»
узнавать\узнать что? от/у кого? «Репортёр погибнет...»
уладить+что? «Цех ремонта...»
ультрафиолетовый «Земля»
уместный «Цех ремонта...»
умещать\уместить что? «Цех ремонта...»
умещаться\уместиться «Цех ремонта...»
умолчать о чём? «Кому учиться...»
умолять кого? «Текут из крана....»
умывальник «Текут из крана....»
умываться\умыться «Текут из крана....»
универмаг «Возвратите магазин...»
уникальный «Земля...»
упоминать\упомянуть о ком-чём? «Кому учиться...»
уничтожать\уничтожить «Земля...»

употреблять\употребить что? «Цех ремонта...»
управдом «Светофор...»
управление «Цех ремонта...»
управление «Погоня...»
управление «Случай...»
управление «Известия...»
управление «Звучит альт»
управление «Светофор...»
управляющий «Светофор...»
управлять чем? «Светофор...»
управлять кем-чем? «Цех ремонта...»
усадьба «Цех ремонта...»
условие , я «Возвратите магазин...»
условие «Профессия...»
услуга «Звучит альт»
услужливый «Звучит альт»
устанавливать\установить «Репортёр погибнет...»
установка «Цех ремонта...»
устраивать\устроить что? «Погоня...»
устраивать\устроить «Текут из крана....»
устраиваться\устроиться где? куда? «Цех ремонта...»
устраиваться\устроиться «Текут из крана....»
устранять\устранить что? «Цех ремонта...»
уступать\уступить кому? что? «Звучит альт»
утечка «Текут из крана....»
утрата «Земля...»
утраченный «Земля...»
утренний «В пресс-центре»
утюжить\от- что? «Профессия...»
ученик «Кому учиться...»
участвовать «Чернобыль...»
участь «Чернобыль...»
участок «Чернобыль...»
учёба «Кому учиться...»
учёный «День науки»

Ф

февральский «Репортёр погибнет...»
филармония «Звучит альт»
фонд «Возвратите магазин...»
французский «Репортёр погибнет...»
формироваться\с- «По Волге...»
футляр «Забытые вещи»

Х

характер «Цех ремонта...»
хватать\хватить «Возвратите магазин...»
химчистка «Чернобыль...»
хитроумный «Чем труднее...»
хитрый «Чем труднее...»
хищный «Чем труднее...»
хозяин, хозяева «Возвратите магазин...»
хозяин «Забытые вещи»
холодильник «Светофор...»
храм «День науки»
хранилище «Забытые вещи»
хрупкий «Чужая беда»
художественная самодеятельность «Звучит альт»

хулиган «Кому учиться...»

Ц

царский «Цех ремонта...»
цена «Возвратите магазин...»
цех (в цехе и в цеху) «Цех ремонта...»
цианистый калий «Кому учиться...»

Ч

частный «Чернобыль..»
часть «Чернобыль..»
чашка «Текут из крана....»
Чего только нет? «Забытые вещи»
человеческий «Земля»
человечество «Земля»
черепаха «Светофор...»
черта «Забытые вещи»
чертёжник «Забытые вещи»
чертёжный «Забытые вещи»
чертить\начертить что? «Забытые вещи»
чёркать\черкнуть+что?+кому? «Погоня...»
чёрствость «Чужая беда»
чёрствый «Чужая беда»
чётки «Кому учиться...»
чёткий / чётко «Прокуроры...»
чёткий «Кому учиться...»
чёткий «Погоня...»
чётный / нечётный «Кому учиться...»
чинить\починить что? «Цех ремонта...»
чиновник «Возвратите магазин...»
чистоплотный «Чернобыль..»
чистота «Чернобыль..»
чистить\почистить что? «Чернобыль..»
чистка «Чернобыль..»
чистый «Чернобыль..»
читальный зал «Кому учиться...»
читать\прочесть что? «Кому учиться...»
член «В пресс-центре»

Ш

шахматы «Кому учиться...»
шоссе «Случай...»
шоссе «Светофор...»

Э

экипаж «Известия...»
экология «Земля»
экологический «Земля»
экономический «Репортёр погибнет...»
экспедиция «Чернобыль..»
эксперт «Репортёр погибнет...»
электромонтажник «Случай...»
эффективный «Известия...»

Ю

юноша «Кому учиться...»
юридический «Светофор...»

Я

явка «Профессия...»
явление «Профессия...»
явление «Звучит альт»
являться кем-чем? «Профессия...»
являться\явиться куда? «Профессия...»
явный «Профессия...»
явь «Профессия...»
ядерный «Чернобыль...»
январский «Репортёр погибнет...»
январь «Репортёр погибнет...»
ясень «Светофор...»
ясновидец «Светофор...»
ясность «Светофор...»
ясный «Светофор...»
ящик «Случай...»

1. **БИЙ–**   (Чужая беда)
2. **БР–**   (День российской науки)
3. **ВЕД–/ВЕСТ–**   (Известия с мыса Канаверал)
4. **ВЁД–/ВОД–**   (Цех ремонта телевизоров)
5. **ВЕР–**   (Известия с мыса Канаверал)
6. **ВЕРХ–/ВЕРШ–**   (Прокуроры уходят...)
7. **ВЛЕК–**   (Чужая беда)
8. **ВОЙ–**   (Репортёр погибнет — не беда?)
9. **ВРАТ–/ВРАЩ–**   (Земля в опасности)
10. **ВЫК–/ВЫЧ–**   (Профессия по душе)
11. **ВЯЗ–**   (Забытые вещи)
12. **ГЛАД –**   (Профессия по душе)
13. **ГЛЯД–**   (По Волге–реке)
14. **ГН–/ГОН–**   (Прокуроры уходят...)
15. **ГР–/ГОР–**   (Текут из крана...)
16. **ГОД–**   (Чем труднее жизнь ...)
17. **ГРОЗ–/ГРОЖ–**   (Земля в опасности)
18. **ГРУЗ–**   (Случай у магазина)
19. **ДЕЙ–**   (Звучит альт)
20. **ДЁРГ–/ДЕРЖ–**   (Случай у магазина)
21. **ЗР–/ЗАР–/ЗИР–/ЗОР–** (Прокуроры уходят...)
22. **КЛАД–**[1]   (Забытые вещи)
23. **КЛАД–**[2]   (Земля в опасности)
24. **КОН–**   (Кому учиться в ко́лледжах?)
25. **ЛАД–**   (Цех ремонта телевизоров)
26. **ЛЕК–/ЛЕЧ–**   (Чернобыль: судьба ликвидаторов)
27. **ЛИК–/ЛИЦ–/ЛИЧ–**   (По Волге–реке)
28. **ЛОЖ–**   (Цех ремонта телевизоров)
29. **МАСТЕР–**   (Цех ремонта телевизоров)
30. **МЕН–**   (Универсам в поселке)
31. **МЕСТ–**   (Цех ремонта телевизоров)
32. **МЕТ–**   (День российской науки)
33. **МН–**   (Пресс–центр МИД)
34. **ОБЩ–**   (Кому учиться в ко́лледжах?)
35. **ПИС–/ПИШ–**   (Репортёр погибнет — не беда?)
35. **ПОЛН–**   (Звучит альт)
36. **ПРАВ–**[1]   (Светофор «ВМ»)
37. **ПРАВ–**[2]   (Известия с мыса Канаверал)
38. **РАЗ–/РАЖ–**   (Чем труднее жизнь ...)
39. **РЕШ–**   (Репортёр погибнет — не беда?)
40. **РУК–**   (Возвратите магазин «Ветеран»)
41. **РУХ–/РУШ–**   (Земля в опасности)
42. **СВЯТ–**   (День российской науки)
43. **СЕЛ–**   (Возвратите магазин «Ветеран»)
44. **СЛЕД–**   (Пресс–центр МИД)

45. **СЛУГ–**   (Звучит альт)
46. **СТАВ–**[1]   (Светофор «ВМ»)
47. **СТАВ–**[2]   (Забытые вещи)
48. **СТОЙ–**   (День российской науки)
49. **СТОЛ–**   (Забытые вещи)
50. **СТРОЙ–**   (Текут из крана...)
51. **СТУП–**   (Звучит альт)
52. **ТРАТ–**   (Земля в опасности)
53. **ТОК–/ТЕК–**   (Текут из крана... обещания)
54. **ТОРГ–**   (Возвратите магазин «Ветеран»)
55. **ТРУД–**   (Известия с мыса Канаверал)
56. **ЧАСТ–**   (Чернобыль: судьба ликвидаторов)
57. **ЧЁРК–**   Прокуроры уходят...)
58. **ЧЕРТ–**   (Забытые вещи)
59. **ЧИСТ–**   (Чернобыль: судьба ликвидаторов)
60. **ЧТ–**   (Кому учиться в ко́лледжах?)
61. **ЯСН–**   (Светофор «ВМ»)
62. **ЯВ–**   (Профессия по душе)

Reference Material

B-

1. In, into. *in-, im-, en-*

вводить	*introduce*	вчитаться
вложить	*enclose*	всмотреться
вставить	*implant*	вслушаться
включить	*include*	

2. Movement upwards *(with limited verbs of motion)*

въехать в го́ру *to ride drive uphill*
влезть на дерево *to climb a tree*

ВЗ-(ВС-)
ВОЗ- (ВОС-)

1. Up, upward, renewal, repetition. *re-*

взойти	взлететь
вспомнить	взобраться
возвратить	вспахать
вскрыть	

2. Inception of action (limited number of verbs):

взволноваться = заволноваться
возненавидеть
(возлюбить = полюбить)

ВЫ-

1. Outward, out. *ex-*

вы́рвать	вы́йти	вы́брать
вы́гнать	вы́ключить	

Except for the verb вы́глядеть, this prefix is always stressed in perfective verbs and unstressed in imperfective verbs.

2. Doing something to the end, successfully, thoroughly:

вы́сохнуть	вы́спаться
вы́учить	вы́плакаться
вы́стирать	вы́сказаться

ДО-

1. The reaching or attaining of a goal; action up to or as far as:

догнать	дойти	доехать	добраться
довезти	доплыть	дожить	добиться
достичь			

2. Emphasis of the final stages necessary to complete an action (adding the finishing touches):

докурить сигарету	дочитать книгу
допить молоко	доесть кашу
доварить борщ	дослушать рассказ

НЕДО- = falling short of a goal, failure to fulfill an action completely. *under-*

недоспать	недоесть	недоварить
недописать	недоплатить	недопечь
недослушать		недожарить

недоно́сок

3. Reaching a goal (limit) despite some form of opposition. Most (not all) of these verbs are used in the perfective aspect only (although imperfective forms exist), and all have the reflexive particle -ся.

договориться	достучаться
дозвониться	добудиться

Жду не дождусь.

ЗА-

1. The beginning of an action (usually no paired imperfective):

заплакать	закричать
зашуметь	запеть
засмеяться	заговорить
заходить	забе́гать
заводить\завести	

2. Movement behind or beyond a goal or a certain point:

забежать за дерево	Солнце зашло.

3. Excessive action (usually no paired imperfective):

Куда мы зашли / заехали!
Куда вы меня завели / завезли!

задуматься	заиграться
зачитаться	заговориться
заработаться	замечтаться

4. Covering, blocking off, closing; filling an empty space:

закрыть	запереть	залить
заткнуть	заделать	зашить
засыпать	зарасти	заклеить

5. Action done in passing; motion interrupted by stopping off:

зайти	занести	заехать	завезти

6. Fixing or making permanent:

записать	заявить	запомнить
закрепить		занести (на почётную до́ску)
заложить		зафикси́ровать

```
┌─────────────────────────────────────────────────────────┐
│ 3A —meanings with verbs of motion                        │
│          1. Movement behind an object.                    │
│          2. Movement performed while on the way somewhere.│
│          3. A short visit  to someone.thing.              │
│          4. Movement deep into something (inside, upwards, or │
│             downwards.                                     │
│         *5. The (sudden) beginning of multidirectional move- │
│             ment. No  corresponding imperfective verb.    │
└─────────────────────────────────────────────────────────┘
```

ИЗ- (изо-, ис-)

Church Slavonic equivalent of **вы-**. Verbs with prefix **из-** are usually more abstract in meaning.

1. Out, *ex-*   исходить *(impf. only)* Исход
                 изгнать (Русская литература в изгнании) вы́гнать
                 избежать -- вы́бежать
                 издать -- вы́дать
                 испо́лнить -- вы́полнить
                 извлечь
                 исключить -- вы́ключить
                 изыма́ть\изъять -- вынима́ть\вы́нуть

2. Extremeness, completeness, exhaustion. *(Most of these verbs do not have corresponding imperfectives).* With verbs of motion, this prefix indicates that movement is carried out in all directions over the entire area concerned— no imperfectives are formed.

   избить   измучить   износить\изнашивать
   избе́гать   изъездить   исходить   исписать(тетрадь)

   With **-ся** — exhaustion from doing something (limited number of verbs)

   исписаться   избе́гаться
   изму́читься

НА- 1. Movement onto the surface of something:

   накры́ть   найти   наложить   наступить
   настоять   настроить   намазать   наехать
   натяну́ть   наклеить   наткну́ться

2. Doing something in great quantity. Usually with a partitive genitive and often an undesirable action:

наговорить (глупостей)	накупить (книг)
наделать (плохого)	напечь (пирогов)
нарубить (дров)	наварить (щей)

With **-ся**, it has the meaning of overdoing something or doing something to the point of satiation.

насмотреться	наработаться	напиться	наесться
набегаться	наговориться	наиграться	
нажраться			

ОБ-
О-   Movement around or past an object: *(circum-)*

1. Abstract encompassing or pervading an object

обойти	объехать	обогнать	обежать	обыскать
обнять	обдумать	оплатить	описать	
опросить	осмотреть	обслужить	оспорить	

     объездить = объехать (побывать во многих местах)

to "cheat", "get the upper hand over someone" *i.e.* "getting around someone":

обсчитать	обмануть	обмерить	обчистить
обокрасть			

2. With **-ся** — to err, to do badly

оговориться	оговорка, описка, ошибка
ослышаться (только *impfv.*)	опечатка
(описаться)	
ошибиться	
оступиться	

3. Acquiring or imparting some quality. Often from adjectives or nouns.

обогатить	обрусеть	овдоветь	осчастливить
оглушить	ослепить	обалдеть	окаменеть

о\глох-нуть	о\слеп-нуть о\креп-нуть
о\слабеть	

ОТ-   1. Movement back from, off (of), away from *dis-*, *de-*.

отойти (в сто́рону, к окну, от окна)
отбить (врага́) *vs.* убить (врага)
отставить
отстоять   отложить   — неотложный
отбыть
отличить *vs.* различить
оторвать/ся
отпеть отпевание   отпечаток (пальца)
                       vs. (опечатка)

2. Back, *re-*.

      отдать
      отплатить
      отнести/сь (к чему?)
      отозваться óтзыв
      откликаться\откликнуться   отклик
      отразить   отражение

3. Finishing

      отслужить   отработать
      отобедать

4. Opening (the opposite of за-)

      открыть
      отпереть
      отворить

ПЕРЕ-
ПРЕ- [ChS]

1. Across, through, over - *trans-*.

      перейти   перевести   перевезти

      переступить   передать
      преступить   предать

           пережить
           перегореть
           переночевать
           преобразовать
           преображать\преобразить

2. Over (doing) *sur-*

      переплатить
      перевы́полнить (план)
      переоценить
      преувеличивать
      превыша́ть\превы́сить (скорость)
      перегреть   (пережарить   перепечь   пересолить)
      переутомить/ся
      превосходить/превзойти   превосходительство
      превозносить\превознести
      переесть
      перепить -- перебрать
             догнать и перегнать Америку
                перегнать *vs.* обогнать

3. *Inter*-ruption

      перебить   Не перебивай/те!
      прервать
      перестать   Перестань.
      прекратить   пресечь
      преграждать\преградить   преграда

4. *Re*-petition

      переродить/ся   переделать   переписать
      перечитывать перерабатывать   перестраивать
      перебить (чек) перепечатать

5. All inclusive action, including one after the other of a
    specific object.

>   пересмотреть (все фильмы)
>   перебить (всю посуду)
>   перечитать (все книги)
>   переломать (все игрушки)

6. With the suffix -ся - reciprocal action

>   переписываться
>   переговариваться
>   переглядываться\переглянуться
>   перекликаться

ПО-

1. Inception of an action. Verbs of unidirectional motion and a few others.

пойти	полететь	поехать
покатиться	поплыть	побежать

>   по\лить (поливать)
>   по\любить
>   по\нравиться
>   по\чувствовать
>   по\знать

2. Limitation of action:

a. With verbs of multidirectional motion:

>   по\ходить   по\бегать   по\кататься

b. With verbs which usually don't fall into the *impfv.* (process)\ *pf.*
    (result) category

работать\поработать	сидеть\посидеть
лежать\полежать	стоять\постоять
спать\поспать	

Also:

>   говорить\поговорить
>   есть\поесть
>   пить\попить

b.[1] May be added to some already prefixed perfective verbs
    (colloquial):

>   по\развлечь
>   по\забыть
>   по\написать

b.[2] May be added to some imperfective verbs with suffix *-ivaj+* with the meaning of doing something (or a bit of something) from time to time:

покуривать	почитывать
побаиваться	поглядывать
помалкивать	

2. May simply make verb perfective with no additional lexical meaning:

по\ужинать	по\завтракать	по\обедать
по\звонить	по\строить	

ПОД-

1. Approaching. Direction of motion up to an object.

подойти	подвезти	подъехать	подплыть

подход *vs.* приход   отход   поход

2. Under, movement under.

поддержать	подписать	подставить
подчеркнуть	подложить (свинью кому-нибудь)	

a. Movement from under--i.e. upwards

подбросить	поднять
подпрыгнуть	подскочить

3. An "underhanded" action, something done on the sly.

подкупить	подделать	подслушать подкрасть
подорвать	подсказать	

4. Addition, supplemental action

подлить (масла в огонь)	подрабатывать
подтвердить подсыпать	
подбросить (дров в огонь)	

5. A little bit, not completely (usually pfv. only).

подсохнуть	подлечить

ПРЕД- [ChS] 1. Before, *pre-*

представить себе	представлять собой	представиться
предвидеть		
предпочитать		
предостеречь		
(предостережение)		

a. May be added to (already prefixed) perfective verbs.

предугадать	предсказать
предусмотреть	предопределить

ПРИ-   1. Up to, against, attaching; (with verbs of motion--arrival)
a (ad-, at-)

прийти	принять
прибить	пригласить
приклеить	прибавить
приложить	призвать
присвоить	прислушиваться
приговорить	присмотреться
приписать	привыкнуть

2. Slightly, "a bit," a mild manifestation of action. May be added to (already prefixed) perfective verbs.

приодеться	припевать (жить припеваючи)
привстать	приоткрыть
приподняться	прикрыть (дверь)
припу́дриться	

ПРО-   Through, past, by [with мимо + GEN]   (произ- = pro)
                                                                произнести
                                                                произвести

1. Through, past

пройти	промчаться
провести	продо́лжить
провезти	пролететь

a) In the sense of thoroughness of an action:

продумать	пропеть
прочитать	пробить (часы пробили)

b) In the sense of failure:

пропасть	пропить
провалиться	прогореть

c) In the sense of erroneous action:

проехать (остановку)	проговориться
проспать (урок)	пропустить
промахнуться	прозевать (фильм)

2. Extension of action over a definite period of space or time. (*cf.* по-)

пробыть	*cf.* побыть
просидеть	*cf.* посидеть
проспать (весь день)	*cf.* поспать
проработать	
прожить	
простоять	

РАЗ- (разо-, раз-, рас, рос-, роз-)

1. Dispersal, division, spreading. *dis- , di-*

разбить	разобрать/ся
разделить	раздать
разрубить	развести — развезти
разменять	разнести/сь
распороться	

    a. Spreading action in various directions

        раздвинуть (столы)
        разложить (подарки)
        разлагаться\разложиться
        разогнать

    b. Movement from center in various directions

        разъехаться
        разойтись
        разлететься

2. Annulment, undoing a previous action. *dis- , de- , an- , un-*

раздумать	расстроить
разлюбить	расхотеться
разонравиться	развернуть
раздеть/ся	расстёгивать\расстегнуть
	разоружать\разоружить
разучиться	

3. Intensification or thoroughness of an action.

    рассматривать\рассмотреть (картину)
    расспрашивать\расспросить (о чём-то)
    разузнавать\разузнать
    разучивать\разучить

      \разругать
      \разогреться
      \разобидеться
      \разукрасить

            будить\разбудить
            таять\растаять
            веселить\развеселить

        рассердиться
        разговориться *(pfv. only)*

C- (CO-)

1. Off (from), away (from); off the surface of

стереть	снять
смыть (смыться)	сместить
сорвать	слить
скинуть	спустить
списать	

1ᵃ. Copying -- списать

2. Down (from)

съехать (с горы)
сойти (с лестницы)
слезть (с велосипеда)
сложить (оружие)
спуститься
сразить
сбить (с ног)   сбиться с ног

3. Together, convergence   -ся / reciprocal action

собрать/ся	созвать
совпадать	съехаться съезд
состоять	слететься слёт
содержать	созвониться
сочувствовать	сговориться
согласиться	сдвинуть (столы)
составить	сложить
связать	скрепить
сосуществовать	сводить (концы с концами)
соответствовать	
содействовать	

4. With verbs of MD motion / (quick) movement
   there and back. No corresponding impfv.

сходить (в кино)
сбегать (домой за книгами)
съездить
слетать
сносить —свозить (ребенка к врачу)

(5. No additional meaning--result of action)

с\делать   с\варить   с\прятать
с\петь с\ломать   со\считать

у-

1. Away, removal (with verbs of motion /
   the opposite of при-.

   > убра́ть
   > удали́ть
   > уре́зать
   > уби́ть

2. doing something thoroughly or successfully (often
   in the face of some type of opposition or resistance)

   > уве́рить   убежда́ть[1]\убеди́ть
   > умести́ться   угова́ривать[2]\уговори́ть
   > успе́ть   устро́ить
   > усе́сться
   > удержа́ться
   > успе́ть   устоя́ть
   > умере́ть

3. Formation of verbs from adjectives adverbs

   > улучша́ть\улу́чшить
   > ускоря́ть\уско́рить
   > ухудша́ть\ухýдшить

4. Inception of action / momentaneous action:

   > уви́деть
   > услы́шать
   > узна́ть

---

[1]to try to convince
[2]to try to persuade

1. Definition: PARTICIPLES are adjectives formed from verbs. Like adjectives, they agree with the noun they qualify in Gender, Number & Case.

> К сожалению, бывает, что дети неожиданно выходят на дорогу из-за автобуса или троллейбуса, стоящего на остановке. И это приводит к несчастным случаям. Особенно опасно, когда ребенок обходит препятствие спереди и водитель едущей мимо машины не успевает ни свернуть, ни затормозить.
>   Так произошло у дома № 8 на улице Конёнкова в Кировском районе. Такси сбило мальчика, выбежавшего из-за стоявшего на остановке автобуса.
>   Детей следует учить пользоваться обозначенными переходами, находящимися рядом с остановками. А кроме того, родители, учителя должны воспитывать у школьников навык осматриваться перед выходом из-за препятствия, ограничивающего обзор, на дорогу. ВМ 10.IV.88

2. Types: Like verbs, PARTICIPLES have tense (present and past) and voice (active and passive).

Present Active Participles (formed from Imperfective Verbs)
Past Active Participles (formed from Imperfective and Perfective Verbs)
Present Passive Participles (formed from Imperfective Transitive Verbs)
Past Passive Participles   (formed from Perfective Transitive Verbs)
Past Passive Participles have short forms and long forms.
The short form is used as a predicate adjective.

3. Usage. Short form Past Passive Participles occur frequently in spoken Russian:

> Дверь была закрыта.
> Работа закончена.
> Магазин открыт.

Present and Past Active Participles and long forms of Present and Past Passive participles occur most frequently in written Russian:

   a) Present and Past Active Participle phrases usually replace relative clauses in which the pronoun **который** is the subject and in the **nominative** case. The participle agrees with the word it qualifies in Gender, Number & Case.

> Студенты, поступающие в университет = Студенты, которые поступают в университет.
> Люди, знающие иностранные языки = Люди, которые знают иностранные языки
> Студенты, поступившие в университет = Студенты, которые поступили в университет.

   b) Present and Past Passive Participle phrases usually replace relative clauses in which the pronoun **который** is the direct object and in the **accusative** case. The participle agrees with the word it qualifies in Gender, Number & Case.

> | Телевизор, купленный Иваном... | = | Телевизор, который купил Иван... |
> | Повесть, написанная Пушкиным.. | = | Повесть, которую написал Пушкин... |
> | Люди, обиженные нами... | = | Люди, которых мы обидели.... |
> | Получаемые нами газеты и журналы... | = | Газеты и журналы, которые мы получаем... |

Participles and participle phrases may precede the noun they qualify.

> Поступающие в университет студенты....
> Написанные Пушкиным повести...
> Обиженные нами люди...
> Обидевшиеся[1] на нас люди...

[1] Note that -ся occurs after vowels in participle forms

4. Formation.

Present Active Participles
- Drop -**Т** i n 3rd person pl. form.
- Add suffix – **Щ**- and adjective endings -ий; -ее; -ая; -ие

      лью-т > льющий; льющее etc.

      читаю-т > читающий; читающее etc.

Past Active Participles
- Drop -**Л** in Masc. Past Form
- Add suffix –**ВШ**– and adjective endings -ий; -ее; -ая; -ие

      чита-л   читавший; читавшее; etc.

      поступи-л   поступивший; поступившее; etc.

- If the Masc Past does not end in -**Л**,

      Add suffix –**Ш**- adjective endings -ий; -ее; -ая; -ие

      принёс   принёсший; принёсшее; etc.

      увёз   увёзший; увёзшее; etc

- Prefixed forms of шёл and вёл

      ушёл   ушедший; ушедшее; etc.

      привёл   приведший; приведшее etc.

Present Passive Participles Add adj. endings –ый; -ое, -ая, -ые to 1st person pl.

      получаем   получаемый; получаемое; etc.

Past Passive Participles **(Short Forms)**

Suffixes: 1. -**Т**

    a. Non-suffixed resonant stems

      -Й+   бий+   (бить type)
            мой+   (мыть type)
            дуй+   (дуть type)
      -Н+   ден+   (одеть type)
      -М+   сним+   (снять type)
      -ЙМ+   пойм+   (понять type)
      -Р+   запр+   (запереть type)

    b. Stems ending in -НУ+

    c. Stems ending in -О+

    d. Prefixed forms of греть

  2. -**ЕН (ЁН)**

    a. Stems ending in -И+

    b. Obstruent stems:

      -Т+ приобрет+
      -Д+ украд+
      -С+ принес+
      -З+ привез+
      -Б+ погреб+
      -К+ испек+ (К > Ч)
      -Г+ сожг+ (Г > Ж)

  3. -**Н**

    a. Stems ending in -А+ or -АЙ+

    b. дать and prefixed forms of дать

> All verbs with infinitives ending in -ать; except nasal stems (начать; сжать поднять etc.

    c. увид-е+ (увиден)

Past Passive Participles (Long Forms)

1. Short forms with -**Т**:   Add adj. endings -ый; -ое; -ая; -ые

разби́тый	разби́тое	разби́тая	разби́тые
на́чатый	на́чатое	на́чатая	на́чатые
оде́тый	оде́тое	оде́тая	оде́тые
подогре́тый	подогре́тое	подогре́тая	подогре́тые

2. All Short forms with -**Н**. Double the -**Н** and add the adj. endings --ый; -ое; -ая; -ые

принесённый	принесённое	принесённая	принесённые
прочи́танный	прочи́танное	прочи́танная	прочи́танные
про́данный	про́данное	про́данная	про́данные

You should know the following participles (active and passive) which are used as nouns or adjectives:

Nouns:

бу́дущее
куря́щий
некуря́щий
пью́щий
непью́щий
отдыха́ющие
уча́щиеся
трудя́щиеся
слу́жащий
ве́рующий
провожа́ющие
встреча́ющие
приезжа́ющие
проезжа́ющие
уме́рший
случи́вшееся
учёный
да́нные (data)
веду́щий
    передачу
    (anchor
    person)
сумасше́дший
млекопита́ющие
пресмыка́ющиеся

Adjectives:

бу́дущий
сле́дующщий
проше́дший
настоя́щий
подходя́щий
выдаю́щийся
сто́ящий
волну́ющий
вызыва́ющий
зна́ющий

The following adjectives are derived from present passive participles.

называ́емый
незабыва́емый
не/зави́симый
не/замени́мый
не/дви́жимый
не/допусти́мый
не/излечи́мый
не/исправи́мый
не/обита́емый (о́стров)
не/проница́емый

водонепроница́емый

звуконепроница́емый
не/склоня́емый
не/терпи́мый
не/ви́димый
неиссяка́емый
необходи́мый
неожида́емый
неотличи́мый
непередава́емый
неумоли́мый
незабыва́емый

обвиня́емый
подсуди́мый
раствори́мый (кофе)
уважа́емый
    многоуважа́емый

1. Definition: GERUNDS (Verbal Adverbs) are adverbs formed from verbs. Like adverbs, they qualify the action performed by the subject of the sentence (or the subject of the main clause of a sentence). Like adverbs, they are unchanging forms. GERUNDS may answer the questions:

> Когда?
>> В то время, как........
>> Когда..........
>> После того, как............
>> Как только............
>
> Почему?
>> Потому что........
>> Так как...............
>> Если...............
>
> Как?.............

Е. Черепа́хина, работающая начальником юриди́ческого отде́ла на опто́вом рыбном холодильнике, села за руль ли́чного «Запоро́жца», не име́я водительских прав. Результат сказался незамедли́тельно: сле́дуя по Волокола́мскому шоссе́ к кольцево́й автодороге, Е. Черепахина не спра́вилась с управлением, наехала на ма́чту и получила травму.

Наш совет — как ни хотелось бы, купив машину, сразу же сесть за руль, без основа́тельной уче́бной подготовки и без водительского удостовере́ния само-стоятельно делать это нельзя.

---

2. Types: Like verbs, GERUNDS have aspect.

> **Imperfective Gerunds** are formed from Imperfective Verbs.
> **Perfective Gerunds** are formed from Perfective verbs.

3. Meaning: **Imperfective Gerunds** denote a simultaneous action — an action simultaneous to the action in the main clause of a sentence.

Perfective Gerunds denote a completed, action which precedes the action denoted by the verb in the main clause of a sentence. They may also denote a momentaneous action which occurs at the same time as the action in the main clause or immediately thereafter.

4. Usage.

<u>Simultaneous Action</u>

Чита́я книгу, я делаю заметки на поля́х.

Чита́я книгу, я делал заметки на поля́х.

Чита́я книгу, я буду делать заметки на поля́х.

<u>Preceding Action</u>

Прочита́в книгу, я возвращал её в библиотеку.

Прочита́в книгу, я возвратил/вернул её в библиотеку.

Прочита́в книгу, я возвращу/верну её в библиотеку.

(Note that a Perfective Verbal Adverb (Gerund) may denote a repeated action.)

5. Formation.

Imperfective Verbal Adverbs   (FORMED FROM IMPERFECTIVE VERBS):

Replace -ят/—ют of 3rd p.pl. with -я   [говор-я́т > говор-я́]

[чита́-ют > чита́-я]

Replace -ат/-ут of 3rd p.pl. with -я or -а (depending on spelling rules)

[спеш-а́т > спеш-а́]

[жив-у́т > жив-я́]

[ид-ут > ид-я́]

> Imperfective Verbal Adverbs from Second-Conjugation verbs may also be formed by dropping the -т of the third-person plural:
> говоря́-т   говор-я́

Notes: 1. The reflexive particle -ся is spelled -сь in verbal adverbs.

[занима́ются > занима́ясь]

[интересу́ются > интересу́ясь]

2. Verbs of the -ABA- class retain the -ABA- :

[вставать > встава́я]

[давать > дава́я]

Stress is the same as in the infinitive or first-person singular (isolated exceptions).

[ухо́дят > уходя́]

3. Imperfective verbal adverbs are not formed from: a) verbs with stems ending in НУ+.

b) verbs with г > ж, к > ч alternations

c) monosyllabic -ИТЬ verbs (бить etc).

d) non-syllabic -А+ stems (беря́ is an exception).

> Note the following Imperfective Verbal Adverbs:
>
> | быть | > | бу́дучи |
> | хотеть | > | жела́я |
> | слы́шать | > | слу́шая |
> | ждать | > | ожида́я |
> | смотре́ть | > | гля́дя |

Запомните:	стоя́ть	стоя́т	сто́я
	молча́ть	молча́т	мо́лча
	лежа́ть	лежа́т	лёжа
	сиде́ть	сидя́т	си́дя
	гляде́ть	глядя́т	гля́дя

Perfective Verbal Adverbs   (FORMED FROM THE PAST TENSE OF PERFECTIVE VERBS):

1. -Л > -В: Verbs with past tense ending in -л (Dental-Stems are exceptions—see 4. below)

$$\text{прочита́-л} > \text{прочита́в}$$
$$\text{сказа́-л} > \text{сказа́в}$$
$$\text{на́ча-л} > \text{нача́в}$$

> Stress is the same as in the infinitive, but may vary in the spoken language.   Perfective Verbal Adverbs may also end in -ВШИ, but this ending is characteristic of 19th-Cent. Russian:
>
> | прочитав | прочитавши |
> |---|---|
> | сказав | сказавши |

2. Verbs with past tense not ending in -Л:

Add -ШИ to past-tense form (several exceptions):

	помо́г	>	помо́гши
	лёг	>	лёгши
	испёк	>	испёкши
привы́кнуть	привы́к	>	привыкши
			привы́кнув
запере́ть	за́пер	>	за́перши
			запере́в

3. Verbs with the reflexive particle -ся

a) Past tense ending in -ЛСЯ: -ЛСЯ > -ВШИСЬ

научи́лся	>	научи́вшись
побри́лся	>	побри́вшись
оказа́лся	>	оказа́вшись

b) Past tense not ending in -л: Add   -ШИСЬ to Past Tense:

увлёкся	>	увлёкшись
за́перся	>	заперши́сь

4. Unsuffixed Dental Stems (formed like Imperfective Verbal adverbs) :

найд-у́т	>	найдя́
прид-у́т	>	придя́
привед-у́т	>	приведя́
вы́йд-ут	>	вы́йдя
сочт-у́т	>	сочтя́
приобрет-у́т	>	приобретя́
унес-у́т	>	унеся́
		унёсши
привез-у́т	>	превезя́
		привёзши

Exercises:

A. Form imperfective verbal adverbs according to the following models:

MODELS:

читáть	—	читá -ют	—	читá -я
говорить	—	говор -я́т	—	говор -я́
слы́шать	—	слы́ш -ат	—	слы́ш -а
надéяться	—	надé -ются	—	надé - я -сь

1. жить _____ _____

2. идти _____ _____

3. заниматься _____ _____

4. гулять _____ _____

5. закрывать _____ _____

6. возвращаться _____ _____

7. бояться _____ _____

8. оказываться _____ _____

9. забывать _____ _____

10. обьяснять _____ _____

11. слушать _____ _____

12. понимать _____ _____

13. желать _____ _____

14. брать _____ _____

15. спрашивать _____ _____

16. лететь _____ _____

17. являться _____ _____

18. останавливаться_____ _____

19. узнавать _____ _____

20. оставаться _____ _____

21. продавать _____ _____

22. сдавать _____ _____

B. Form perfective verbal adverbs according to the following models:

MODELS:

прочитáть	—	прочита-л	—	прочитá -в
сказáть	—	сказа-л	—	сказа-в
вернýться	—	вернý -лся	—	вернý-в -шись

1. прожить _____ _____

2. погулять _____ _____

3. закрыть _____ _____

4. оказаться _____ _____

5. приехать _____ _____

6. заинтересоваться _____ _____

8. понять _____ _____

9. научиться _____ _____

10. решить _____ _____

11. переехать _____ _____

12. явиться _____ _____

13. съесть _____ _____

14. сесть _____ _____

15. спросить _____ _____

16. найти _____ _____

17. дойти _____ _____

18. отойти _____ _____

19. выйти _____ _____

20. уйти _____ _____

21. отнести _____ _____

22. вынести _____ _____

23. внести _____ _____

24. привезти _____ _____

25. привести _____ _____

C. Form Verbal Adverbs. Pay attention to aspect.

1. поговорить _____ _____

2. собирать _____ _____

3. стать _____ _____

4. встретить _____ _____

5. интересоваться _____ _____

6. знакомиться _____ _____

7. познакомиться _____ _____

8. пугаться _____ _____

9. принять _____ _____

10. помогать _____ _____

11. купить _____ _____

12. покупать _____ _____

13. ошибаться _____ _____

14. узнать _____ _____

15. узнавать _____ _____

16. сдать _____ _____

Give English and Russian equivalents for the Participle and Gerund constructions:

> Водитель С. Яшин, перевозя на самосвале асфальт, напился. Будучи в состоянии алкогольного опьянения, он на этом же автомобиле поехал домой. В проезде Серебрякóва пьяный водитель развил недозволенную скорость и, не справившись с управлением, сбил женщину, переходящую улицу.
>
> Совершив преступление, С. Яшин не остановил автомобиль и не оказал помощь потерпевшей. Оказавшиеся на месте происшествия люди помогли отправить женщину в больницу и организовали погоню за автомобилем. Когда самосвал наконец был остановлен, оказалось, что Яшин настолько пьян, что вывалился из кабины.
>
> «Пьяница за рулём самосвала» ВМ 29.I.86

1. NONSYLLABIC -ИТЬ VERBS:
-И > -ь   before a vowel

бить |бь+´] - to beat
вить [вь+´]- to wind, curl
гнить [гний +´]- to decay, rot
лить [ль+´]- to pour
пить [пь+´]- to drink
шить [шь+´]- to sew

2. MONOSYLLABIC -ЫТЬ VERBS (1)
-Ы > -ой   before a vowel

выть [вóй+] - to howl
крыть [крóй+] - to cover
мыть [мóй+] - to wash
ныть [нóй+] - to ache, whine

3. MONOSYLLABIC -ЫТЬ VERBS (2)
-ы > -ыв + before a vowel

жить [жив+´] - to live
плыть [плыв+´] - to swim
слыть [слыв+´] - to have a
             reputation as

4. NASAL STEMS: Either -Н+ or -М+:

деть [дéн +] – to put, stick somewhere *(pfv.)*
жать [жм +´] - to squeeze, press
жать [жн +´] - to reap, harvest
клясть [клян +´]-to curse someone
мять [мн +´] - to wrinkle
стыть [стýн +] - to grow cold/cool off
   (also стынуть)
стать (стáн +] - to become; to assume a standing
                position   *(pfv.)*
  —чать [—чн +´]
    начать [начн +´] - to begin   *(pfv.)*
  —нять [—йм+´] *(after a vowel)*
       [—ним+`] *(after a consonant)*
    занять [займ+´] - to occupy, borrow *(pfv.)*
    обнять [обним+`] to embrace *(pfv.)*
    отнять [отним+`] - to take away *(pfv.)*
    поднять [подним+`] -to raise, lift up *(pfv.)*
    принять [прим+`]-to accept, receive *(pfv.)*
    снять [сним+`] -to take off, photograph *(pfv.)*
    нанять [найм+´] -to rent (from someone) *(pfv.)*
    изъять [изым+] - to confiscate *(pfv.)*
взять [возьм+] - to take *(pfv.)*

5.-ЕРЕ- STEMS. -ЕРЕ- > Р+:

мерéть [мр+´] - to die
      умерéть [умр+´] to die *(pfv.)*
перéть [пр+´] - to go, push through *(vulg.)*
      заперéть [запр+] - to lock (up) *(pfv.)*
терéть [тр+´] - to wipe
      стерéть [сотр+] - to erase, wipe off *(pfv.)*

6. -ОРО+ and -ОЛО+ STEMS:
all have -ю /-ют in 1st p. sg. and 3 p.pl.

борóться [бор+` ся] - to struggle, battle
колóть [кол+`] - to pierce, prick; to split
молóть [мел+`] - to grind, mill
полóть [пол+`] - to weed
порóть [пор+`] - to whip, flog, spank

7. NONSYLLABIC "-А+" STEMS:

брать [бер+´] - to take
врать [вр+´] - to lie
драть [дер+´] - to rip off, flog, irritate
   драться - to fight
ждать [жд+´] - to wait for
жрать [жр+´] - to eat *(like an animal)*
звать [зов+´] - to call, invite
рвать [рв+´] - to tear, rip
ржать [рж+´] - to neigh; to laugh coarsely
ткать [тк+´] - to weave
   By analogy:
     сосáть [сос+´] - to suck, nurse
     стонáть [стон+´] - to moan, groan
     ревéть [рев+´] - to sob, cry loudly

8. LABIAL STEMS or "Б" STEMS
All have -б in the past tense

грести [грёб+´] - to row, paddle, rake
скрести [скрёб+´] - to scrape

9. DENTAL STEMS-1 (С + AND З + STEMS) :
All have -С or —З in the past tense.

везти [везˊ+´] -to drive take*(by vehicle)*; transport
UD
грызть [грыз+´] - to gnaw
лезть [лéзˊ+´] - to climb, crawl, reach *(for)*   UD
нести [нес+´] - to carry *(on one's person)*   UD
ползти [полз+´] to creep, crawl UD
пасти [пас+´] - to pasture *(transitive)*
   пастись -- to graze *(intransitive)*
трясти [трясˊ+´] - to shake *(transitive)*
   трястись -- to shake *(intransitive)*

10. DENTAL STEMS-2 (**Т+** AND **Д+** STEMS):

All have -л in the past tense

брести [бред+´] to wander, roam, walk very slowly
—обрести [обрет+´]

    изобрести [изобрет+´] - to invent *(pfv.)*

    приобрести [приобрет+´] - to acquire *(pfv.)*

вести [вед+´] - to lead *(by hand)* UD

идти [ид+´] - to be on one's way *(by foot)* UD

класть [клад +] - to lay; to put in a flat position

красть [крад+´] - to steal

мести [мет+´] - to sweep

пасть [пад+´] - to fall *(figuratively)*

    упасть [упад+´] - to fall down *(pfv.)*

плести [плет+´] - to weave, braid, plait

прясть [пряд+´] - to spin

расти [раст+´] --to grow

    PAST рос, росла, росли

сесть [сяд +] - to sit down, assume a seated position

цвести [цвет +] - to bloom, flower
—честь

    прочесть [прочт+´] - to read *(pfv.)*

    счесть [сочт+´] - to consider *(pfv.)*

11. RUSSIAN -**ОВА+/-ЕВА+** STEMS:

-ова+> уй+ /ева+> юй+(-уй after husher)

Five verbs are frequently used. All are stressed on -áть in the infinitive, but unlike other -**ОВА+** verbs, all are stressed on the on the endings in the PRES/FUT form

блевать [блюй +´] - to puke, barf *(vulgar)*

жевать [жуй+´] - to chew, masticate

клевать [клюй+´] - to peck

ковать [куй+´] -to forge

    Куй железо пока горячо!!!

плевать [плюй+´] - to spit

совать [суй+] - to stick, shove, thrust

сновать [снуй+] - to scurry, dash about

  основать -- to found *(not usually conjugated)*

12. OPEN-STEM -**А+** VERBS. (**А** AFTER **Й–**):

веять [вей-а+] - to blow, waft, flutter

лаять [лай-а+] - to bark

надеяться [надей-а+ ся] - to hope, count on

сеять [сей-а+] - to sow

смеяться [смей-á + ся] - to laugh

    All are stem-stressed in the imperative

13. VELAR (**К** AND **Г**) STEMS. -чь -; Infinitives

К > **Ч** and **Г** > **Ж** alternations in non-past and PPP

беречь [берег+´] –to take care of   береги/те
   сберечь—to save *(pfv)*

влечь [влек+´] - to draw, attract   влекй/те
  отвлечь - to distract *(pfv.)*
  привлечь- to draw, attract *(pfv.)*
  увлечь- to fascinate *(pfv.)*

жечь [жг+´] - to burn *(trans)*   жги/те
   сжечь [сожг+´] - to burn up *(pfv.)*
   зажечь- [зажг+´] to light up *(pfv.)*
   поджечь [подожг+´] to set fire to *(pfv.)*

лечь [ляг+] - to lie down *(pfv.)*   **ляг/те**

мочь [мог +`] - to be able
  изнемочь - to fall ill *(pfv.)*
  помочь - to help *(pfv.)*   помоги/те

печь [пек+´] - to bake   пеки/те

сечь [сек+´] - to flog, ship, cut, slash   секи/те

стричь [стриг+´] to cut (hair)   стриги/те

течь [тек +] - to flow *(used in third person only)*
    By analogy:
      лгать [лг +] - to lie   лги/те

14. OPEN-STEM -**А+** VERBS. Consonant alternation in all PRES/FUT forms, but not in PPP

вязать [вяз-а+] - to tie, knit, bind
    связать - to tie up, connect (pfv.)

дремать [дрем-а+]- to doze

искать [иск-а+]- to search

казаться [каз-а+ся] -   to seem
    показать - to show *(pfv.)*
    приказать - to order, command *(pfv.)*
    доказать - to prove *(pfv.)*
    наказать - to punish *(pfv.)*
    сказать - to say *(pfv.)*

клеветать [клевет-а+] т > щ - to slander

колебаться [колеб-а+ся] - to waver hesitate

лизать [лиз-а +] - to lick

махать [мах-а+] – to wave

метать [мет-а+] т >ч - to throw

пахать [пах-а+] - to plow

писать [пис-а+] - to write

плакать [плак-а+] - to cry

полоскать [полоск-а+] - to rinse, gargle
прятать/ся [прят-а+] т >ч - to hide
резать [рез-а+] to cut (with a knife)
скакать [скак-а +] - to gallop, jump
слать [сл-а+] шлю, шлёшь, шлют - to send
    послать - to send *(pfv.)*
сыпать [сып-а+] - to sprinkle, strew
тыкать [тык-а+] - to poke, stick
хлестать [хлест-а +] - to lash, beat
хныкать [хнык-а+] - to shine, wimper
хохотать [хохот-а+] т >ч - to laugh loudly
чесать [чес-а +] - to scratch, comb hair
    чесаться - to itch
щекотать [щекот-а+] to tickle
щипать [щип-а +] - to pinch, pluck

15. STEMS ENDING IN -УЙ+:

дуть [дуй +] - to blow
 —уть/ся
  обуть\ся [обуй +] to put one's shoes *(pfv.)*
  разуть\ся [разуй +] to take off one's shoes
                                        (pfv.)

16. SOME SECOND-CONJUGATION OPEN STEM -А+ VERBS:

        -А+ after a husher or Й–

бояться [бой-а+ ся] - to fear, be afraid of
визжать [визж-а+] - to whine, squeal
ворчать [ворч-а+] - to grumble, nag, growl
держать [держ-а+] - to hold
дрожать [дрож-а+] - to tremble, shiver, shake
дышать [дыш-а+] - to breathe
жужжать [жужж-а+] - to buzz
журчать [журч-а+] - to babble, murmur
звучать [звуч-а+] - to sound (like)
кричать [крич-а+] - to shout
лежать [леж-а+] - to lie (be in a horizontal
position)
молчать [молч-а+] - to be silent
мчать\ся [мч-а+ ся] - to rush, tear along
мычать [мыч-а+] - to moo
обстоять [обстой-а+] - to be, get along
пищать [пищ-а+] - to squeak
слышать [слыш-а+] - to hear
стоять [стой-а+] - to stand
стучать [стуч-а+] - to knock
трещать [трещ-а+] - to crackle (like ice)
шуршать [шурш-а+] to rustle (like wind blowing
                            through leaves)

17. SOME DISAPPEARING "-НУТЬ" VERBS

A. UNPREFIXED; ALL IMPERFECTIVE (no stress shifts)

вянуть   вял; вяла — to wither, fade
гаснуть   гас; гасла — to go out, become
                        extinguished
гибнуть   гиб; гибла — to perish
глохнуть глох; глохла — to grow deaf
зябнуть   зяб; зябла — to become cold, freeze
крепнуть креп; крепла — to grow strong
мёрзнуть мёрз; мёрзла — to freeze, be cold
мокнуть   мок; мокла — to become wet
пахнуть   пах; пахла — to smell *(intrans.)*
пухнуть   пух; пухла — to swell
слепнуть слеп; слепла — to grow blind
сохнуть   сох; сохла — to become dry, to dry out
тухнуть   тух; тухла — to go out, become
                        extinguished

B. PREFIXED; ALL PERFECTIVE (no stress shifts)

—вéрг - ну+ть
  извéргнуть   извéрг — to erupt eject, expell
  опровéргнуть   опровéрг — to disapprove,
                            refute
  свéргнуть   сверг — to overthrow
—двиг - ну+ть
  воздвигнуть   воздвиг — to raise, erect
—крéс - ну+ть
  воскрéснуть   воскрéс — to rise from the dead
—вык - ну+ть
  отвыкнуть   отвык — to get out of the habit
  привыкнуть   привык — to get accustomed to,
                          to get used to
—чéз - ну+ть
  исчéзнуть   исчéз —   to disappear

18. -НУТЬ VERBS WITH SHIFTING STRESS:

  Except for the following FIVE basic verb types, all
-нуть- verbs have fixed stress, either on stem or
ending. In the following verbs, stress is on 1st p.sg.
ending and shifts to stem in all other pres/fut.
forms
—глянуть[1]- to look *(always prefixed)*
    заглянуть - to look in on *(PFV.)*
обмануть - to trick, deceive *(PFV.)*
помянуть - to mention *(PFV.)*
    Помяни мои слова! Mark my word!
тонуть - to drown *(INTR.; IMPFV.)*
тянуть - to pull, draw *(IMPFV.)*

---

[1]Do not confuse with глянуть *(to glance)* which is a perfective of глядéть.

19. SOME SECOND-CONJUGATION OPEN STEM -E+ VERBS

All have first-person consonant alternations where applicable

бдеть [бд-é+] - to be on guard (no first person)
болéть [бол-é+] - to ache, hurt (3rd prs only)
вертéть [верт-é+] to spin, revolve
вúдеть [вúд-е+] to see
висéть [вис-é+] - to hang, be suspended
галдéть [галд-é+] - to make a lot of noise
горéть [гор-é+] - to be burning (intrans)
гремéть [грем-é+] - to thunder, roar, rattle, ring out
гудéть [гуд-é+] - to honk a horn, buzz
завúсеть [завúс-е+] to depend on
звенéть [звен-é+] - to toll, ring
зреть[1] [зр-é+] - to see
кипéть [кип-é+] - to be boiling
летéть [лет-é+] - to fly (UD)
обúдеть [обúд-е+] - to insult
сидéть [сид-é+] - to sit, be in a seated position
смотрéть [смотр-é+] to look (at)
сопéть [соп-é+] - to wheeze
шипéть [шип-é+] - to hiss
шумéть [шум-é+] - to make noise

20. ANOMALOUS VERBS

бежáть [бегý, бежúшь, бегýт, бегú/те]- to run
брить [брéй+] - to shave
быть (забыть) [бýд+] былá,- to be but: забыла
дать [дам, дашь, даст, дадим, дадите, дадут]- to give
есть [ем, ешь, ест, едим, едите, едят —ешь/те] - to eat
ехать [éд+ **поезжáй/поезжáйте**!!!] - to ride, travel, drive, go by vehicle
гнать [гон-ú+] гналá- to chase
петь [пой + ý] - to sing
ревéть [рев + ý] - to sob
спать [сп-ú+] спалá- to sleep
хотеть [хочý, хóчешь, хóчет, хотúм, хотят] - to want
чтить [чту, чтишь, чтит, - чтят и чтут] to honor, to revere

Learn the perfective verb:

ошибúться [ошибýсь, ошибёшься, ошибутся] - to be mistaken, to make a mistake
Past: ошúбся, ошúблась ошúблись
           Смотри, не ошибúсь !!!

---

[2]Do not confuse with зреть (зрéй+) = to mature

Nouns are given in the **NOMINATIVE**. If there is no stress shift in the singular or plural or if there are no "irregularities" in the declension, only the **GENITIVE** ending is indicated:

Check: ЖУРНА́Л, -а *м.* *м.* = мужской род (masculine)

ЗАВО́Д -а *м.*

ФА́БРИКА , -и ж. *ж.* = женский род (feminine)

ОДЕЯ́ЛО , -а *ср.* *ср.* = средний род (neuter)

Note how indeclinable nouns are indicated:

ПАЛЬТО́ *неск., ср.*

If the stress moves to the ending in the **GENITIVE SINGULAR** for masculine nouns, it remains there.[1] If there are no irregularities in the declension pattern, this is the only form given, since all other endings are regular.

СТОЛ , -а́, *м.*

СОЛОВЕ́Й, -вья́, *м.*

Any stress shift from singular to plural for neuter and feminine nouns is always indicated.

ДЕ́ЛО, -а, *мн.* дела́, дел, дела́м *ср.* *мн.* = множественное число (pl.)

ЖЕНА́, -ы́, *мн.* жёны, жён, жёнам ж.

СЕСТРА́ , -ы́, *мн.* сёстры, сестёр, сёстрам ж.

Stress shifts in the plural forms and in the **GENITIVE PLURAL** with a fill vowel are also indicated.

СЕ́РДЦЕ [рц], -а, *мн.* -дца, -де́ц, -дца́м *ср.*
[рц] = Д is not pronounced

КОЛЬЦО́, -а́, *мн.* ко́льца, коле́ц, ко́льцам *ср.*

ДЕРЕ́ВНЯ, -и, *мн.* -и, -ве́нь, -вня́м, ж.

The lack of any additional forms indicates that all the remaining forms are regular and have the same stress.

Exceptional forms are always indicated. The lack of any additional forms in the singular or plural paradigm indicates that all the remaining forms in that paradigm are based on the stem of the preceding form.

БРАТ, -а, *мн.* бра́тья, -ьев, *м.*

ДЕ́РЕВО, -а, *мн.* дере́вья, дере́вьев, *ср.*

ГРАЖДАНИ́Н -а, *мн.*, гра́ждане, гра́ждан, *м.*

---

[1] КОНЬ,-я́ , *мн.* ко́ни, коне́й, *м.* (steed, horse) and
ГВОЗДЬ, -я́, *мн.* гво́зди, -е́й (nail) are the two exceptions to this rule.

Verbs: *несов.* = несовершенный вид   (imperfective)
            сов. = совершенный вид   (perfective)
            пов. = повелительное наклонение (imperative)

Verbs are listed both in imperfective and perfective infinitive forms, but are defined and conjugated only after the more common of these forms. There is always a reference to see the other form.

         см. = смотрите (see)

The other aspect is usually indicated at the end of the definition and preceded by two vertical bars:

         | | *несов.* | | *сов.*

Complete conjugations are usually not given. Only those forms which show alternation of stress or alternation of stress and consonant are given. When only the first-person is given, all other forms have the same stress and no consonant alternations. In the past tense, the lack of the feminine form indicates that there are no stress alternations in the past tense. If the feminine past is stressed and no other forms are given, then the neuter and plural forms are also stressed. Imperatives are given only when when they may present problems (for Russians, not for foreigners).

Check how the forms for the following verbs are indicated, and give the additional forms:

ЧИТА́ТЬ -а́ю, -аешь, *несов.* ... | | *сов.* **проче́сть** *и* **прочита́ть**

ПИСА́ТЬ , пишу́, пи́шешь, *несов.*

ВЕСТИ́ , веду́, ведёшь, вёл, вела́, *несов.*

ПИТЬ , пью, пьёшь, пил, пила́, пи́ло; пей, *несов.*

БИТЬ , бью, бьёшь, бей, *несов.*   (past tense not given because there is no stress shift)

ЛЕЧЬ , ля́гу, ля́жешь, ля́гут; лёг, легла́; ляг, ля́гте *сов.*

ЧИ́СТИТЬ, чи́щу, чи́стишь, *пов.* чи́сти *и* (прост.) чисть, *несов.*

Some verbs are both perfective and imperfective. Note how they are indicated.

     ОБОРУ́ДОВАТЬ -дую, -дуешь, -анный *сов.* и *несов.*

     ОБЕЩА́ТЬ, -а́ю, -а́ешь, -е́щанный 1. *сов.* и *несов.*